Josie Agatha Parrilha da Silva

Regina Helena R.F. Mantovani

CRESCER COM JESUS
INICIAÇÃO À CATEQUESE

Petrópolis

© 2004, Editora Vozes Ltda.
Rua Frei Luís, 100
25689-900 Petrópolis, RJ
www.vozes.com.br
Brasil

10ª edição, 2012.

4ª reimpressão, 2024.

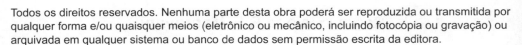

Todos os direitos reservados. Nenhuma parte desta obra poderá ser reproduzida ou transmitida por qualquer forma e/ou quaisquer meios (eletrônico ou mecânico, incluindo fotocópia ou gravação) ou arquivada em qualquer sistema ou banco de dados sem permissão escrita da editora.

CONSELHO EDITORIAL

Diretor
Volney J. Berkenbrock

Editores
Aline dos Santos Carneiro
Edrian Josué Pasini
Marilac Loraine Oleniki
Welder Lancieri Marchini

Conselheiros
Elói Dionísio Piva
Francisco Morás
Gilberto Gonçalves Garcia
Ludovico Garmus
Teobaldo Heidemann

Secretário executivo
Leonardo A.R.T. dos Santos

PRODUÇÃO EDITORIAL

Aline L.R. de Barros
Marcelo Telles
Mirela de Oliveira
Otaviano M. Cunha
Rafael de Oliveira
Samuel Rezende
Vanessa Luz
Verônica M. Guedes

Conselho de projetos editoriais
Isabelle Theodora R.S. Martins
Luísa Ramos M. Lorenzi
Natália França
Priscilla A.F. Alves

COORDENAÇÃO EDITORIAL: MARILAC L.R. OLENIKI
REVISÃO: FLÁVIO F. DE SOUZA
DIAGRAMAÇÃO: HELIO WOLFART
COORDENAÇÃO CATEQUÉTICA: IR. ARACELI G.X. DA ROZA
ORGANIZAÇÃO E REVISÃO DA PROVA FINAL: MARCIA CORRÊA TUCUNDUVA
COLABORADORAS: ALTENICE F. DOS SANTOS SIBIN, ANA CAROLINA COLUCCI,
    MARIA BEATRIZ RIBEIRO E PAULA VALÉRIO.
CAPA: AKAN – TECNOLOGIA EDUCACIONAL
ILUSTRAÇÕES (MIOLO): JOSIE AGATHA PARRILHA DA SILVA

ISBN 978-85-326-3082-7

Este livro foi impresso pela Editora Vozes Ltda.

SUMÁRIO

Carta Pedagógica..05
01 – Aos pouquinhos..09
02 – Vou conhecer a Deus.......................................12
03 – Um livro para amar..15
04 – Um sim especial..18
05 – Aleluia! Jesus nasceu!.....................................21
06 – Quem quer crescer?..24
07 – Que menino diferente!.....................................27
08 – Somos da mesma família de Jesus.................30
09 – Vou caminhar com Jesus.................................34
10 – Igreja, casa de todos nós.................................37
11 – Nos passos de Jesus.......................................40
12 – Jesus ensina como ser amigo.........................43
13 – Conversando com Jesus.................................46
14 – Vamos à festa...50
15 – Alô, alô, Jesus! Sou eu....................................53
16 – Cuidar com amor e carinho dos doentes.........56
17 – Jesus nos ensina a amar.................................59
18 – Quem ama partilha..62
19 – "Vinde a mim as criancinhas"..........................65
20 – Venha servir como Jesus................................68
21 – Jesus: nosso Pastor 71
22 – Precisamos de perdão....................................74
23 – O Presente de Jesus......................................77
24 – Jesus sofreu por nós......................................80
25 – Que alegria! Jesus ressuscitou!.....................83
     Livros para aprofundamento............................86

APRESENTAÇÃO

Toda a Igreja do Brasil está empenhada na busca da meta evangélica intitulada: QUEREMOS VER JESUS.

Esta meta é para todos, homens, mulheres, jovens e também os pequeninos, pois Jesus manifestou claramente o desejo de um encontro com todos eles quando disse:

"Deixai vir a mim as criancinhas" (Mc 10,14).

O novo livro *Crescer com Jesus*, preparado pela benemérita equipe de Catequese do Regional Sul 2 da CNBB, quer tomar as crianças pelas mãos e levá-las não apenas a um contato, mas a uma comunhão com Cristo que é o Caminho, a Verdade, a Vida e a Felicidade que todos procuramos.

Londrina, 17 de junho de 2004.

Dom Albano Cavallin
Bispo responsável pela catequese
no Regional Sul 2 - Paraná

CARTA PEDAGÓGICA

Querido (a) Catequista,

"Certo semeador saiu a semear. E, quando espalhava as sementes, estas caíam aqui, ali, acolá..." (Cf. Lc 8,5-15).

Jesus contou esta parábola para nos fazer pensar que devemos tudo fazer a fim de que a nossa vida, e de todas as pessoas, seja um terreno bom para acolher a semente que é Palavra de Vida e assim ela possa brotar e dar frutos.

Os passos que se seguem visam proporcionar essa experiência em uma integração de fé e vida, para que os catequizandos despertem para a importância de serem pessoas e filhos de Deus.

É isso que Ele nos pede, queridos(as) catequistas!

ACOLHIDA

É hora do catequizando sentir-se amado, querido.

É importante que os pequeninos se cumprimentem uns aos outros, que verifiquem quem está faltando, que haja manifestação de falta àqueles que não compareceram. Afinal de contas, já formamos uma comunidade! Comunidade de Jesus!

A oração inicial faz parte da acolhida. Nela, agradecemos a Deus a presença de cada um e acolhemos, de maneira especial, a Sua própria presença, convidando-O a permanecer conosco durante todo o encontro. Uma oração simples, direta, objetiva. Rezamos, também, a oração que Jesus nos ensinou, o Pai Nosso.

ENTRANDO NO TERRENO

É a hora de entrar no terreno. Motivar, por meio de uma dinâmica ou música, fazer com que os catequizandos se interessem pelo tema do encontro, assim como oportunizar a integração entre eles, criando um clima de alegria e descontração.

PREPARANDO O TERRENO

É hora de preparar o terreno. Observando as características desta faixa etária, todo encontro deve partir da experiência, de algo concreto. A este momento denominamos de História. Para possibilitar o seu entendimento, apresentamos o Conversando com a História que, através de perguntas, despertará para a dúvida ou para a curiosidade, características marcantes desta idade. Jesus costumava fazer isto frequentemente: "Quem dizem os homens que eu sou?" (Mt 8,27); "Se um filho pedir pão, qual o pai entre vós que lhe dará uma pedra?" (Lc 11,11a).

PLANTANDO A SEMENTE

É a tão esperada hora de plantar a semente! É hora de iluminar a vida com a Palavra de Deus. Depois de termos partido do concreto, lançando para o catequizando uma dúvida ou uma pergunta, apresentamos a Bíblia onde encontraremos a resposta. A resposta, na verdade, é aquele versículo previamente escolhido. Pode ser traduzido, ou seja, explicado na linguagem do catequizando, sem distorção do sentido ou das palavras mais difíceis. Sugerimos que a Bíblia seja sempre acolhida com um canto ou uma alegre saudação e, ainda, dar atenção especial à mensagem que segue o texto bíblico. Nela, o catequizando encontra aquilo que precisa saber e viver.

No Livro do Catequizando encontram-se as atividades destinadas a aprofundar a experiência vivenciada no encontro. Deixá-los trabalhar livremente, oportunizando o desenvolvimento da criatividade.

REGANDO A SEMENTE

É a hora de regar a semente. É a hora do Espírito Santo! É a hora de falar com Deus, de celebrar com o oferecimento de um desenho, de uma música, de um gesto concreto, de algo que realmente faça sentido e de experimentar o que a Palavra comunicou.

E A SEMENTE BROTA

É hora de abrir caminhos para os frutos. Propomos uma atividade que vai permitir, de forma bem dinâmica e participativa, que o catequizando perceba que aquilo que foi ensinado precisa ser vivido com os colegas, com a família, na escola, onde for.

GUARDANDO DE COR

Trata-se de uma frase que traduz o que de mais importante se desenvolveu no encontro e que precisa ser guardado de cor, ou seja, no coração.

Para enriquecer este momento, sugere-se escrever a frase numa tira de papel e levá-la para casa, onde poderá ser colocada em destaque, por exemplo, na geladeira. Assim, toda a família será evangelizada.

SUGESTÃO DE CANTO

A música traz leveza aos encontros de catequese, além de fortalecer o tema que está sendo apresentado. As sugestões poderão ser utilizadas no momento que você, catequista, achar mais adequado.

ENCERRAMENTO

A despedida também precisa ser alegre, com música e oração simples. De preferência, orações decoradas: Ave-Maria, Santo Anjo..., pois, a esta altura, torna-se difícil obter silêncio e concentração.

Que o amor, os ensinamentos, os conselhos, tudo de bom que os pequeninos receberam de você, catequista, durante os encontros de catequese, contribuam para o seu desenvolvimento e o deles, como pessoas humanas.

Jesus, o Semeador da Vida, guarde e proteja a todos!

Josie e Regina Helena.

01 – AOS POUQUINHOS

OBJETIVO:
Perceber que conhecerão, aos pouquinhos, o maior de todos os amigos: Jesus Cristo.

ENTRANDO NO TERRENO

Dinâmica: "O rei(a rainha) escolhe sua corte"

Formar um grande círculo. Um catequizando de cada vez se posiciona no centro do círculo e, com os olhos vendados, escolhe a sua corte, chamando pelo nome os seus amigos. Aquele(a) que acertar mais nomes será coroado(a) rei(rainha). Limitar o tempo de cada catequizando, evitando que a dinâmica fique desinteressante.

Material:
Providenciar: um coração de papel vermelho que caiba na palma da mão; uma faixa de pano ou lenço para vendar os olhos.

Para refletir: comentar sobre a dificuldade de lembrar o nome de todos os novos amigos, pois é na convivência do dia a dia que os conheceremos melhor. Assim, também, será com Jesus, o nosso melhor amigo. Para melhor entender tudo isto, convidar os catequizandos a fazerem uma experiência.

PREPARANDO O TERRENO

1 – Fazendo uma experiência:

Colocar, sobre uma mesa, os dois recipientes solicitados para água. Pedir a um catequizando que venha rapidamente à mesa, para encher o pote com água o mais depressa possível. Depois que este terminar, pedir para que um segundo catequizando venha encher o outro pote, aos pouquinhos, com muito cuidado.

Material:
- balde ou bacia com água;
- dois recipientes de plástico iguais e com a boca estreita (potes de conserva ou similar);
- copo ou xícara que será utilizada para encher os recipientes com água.

Deixar que os catequizandos conversem sobre o que viram e elaborem suas conclusões. Orientar a reflexão sobre as duas situações experienciadas: a

9

do catequizando que tentou encher o pote muito depressa, de uma só vez, sem cuidados, derramando a água; e o outro que o fez com cuidado e conseguiu encher o pote com água sem derramá-la.

(Fonte: DEFILIPPO, Lydia das Dores. **Jesus, quem é você?** Belo Horizonte: Promoção da Família Editora, 1980, p. 15)

2 – Conversando sobre a experiência:

Assim como, a cada dia, vamos conhecendo melhor nossos amigos da vizinhança, da escola, da catequese, é preciso conhecer Jesus, aos pouquinhos, com carinho e amor. É o que vamos fazer durante este ano. A cada encontro vamos descobrir sua bondade, seu amor para conosco. E nós também vamos deixar que Ele entre em nossos corações, sem perdermos nada (comparando com o derramar água da experiência).

PLANTANDO A SEMENTE

Vocês sabem quem é Jesus?
Um dia Jesus perguntou a um de seus amigos quem Ele era.
Vamos escutar o que este amigo respondeu?

1. Acolher a Palavra de Deus com este refrão:

   Aleluia, viva! Aleluia, viva!
   Aleluias, vivas a Jesus (bis)

   (KOLLING, Ir. Miria T. **Vamos à casa do Senhor**. São Paulo: Sonopress, 2001)

2. Leitura: Mt 16,15-16 – "Jesus disse-lhes: E vós quem dizeis que eu sou? Respondeu Simão Pedro: Tu és o Messias, o Filho de Deus vivo."

3. Mensagem: Jesus amava todas as pessoas e tinha muitos amigos. Alguns destes amigos conviviam com Jesus todos os dias e um destes era Pedro. Jesus conhecia muito bem todos os seus amigos e queria que eles também o conhecessem. Por isso, fez esta pergunta para ver se seus amigos já sabiam direitinho quem Ele era. E Pedro respondeu que Jesus era o *"Messias, o Filho de Deus vivo"*. Vocês acham que Pedro estava certo? Sim, ele estava, Jesus é o Filho de Deus.

   Jesus quer que nós, assim como seu amigo Pedro, o conheçamos. Assim seremos seus verdadeiros amigos, pois, os amigos se conhecem muito bem.

4. Atividades: Realizá-las no livro do catequizando.

REGANDO A SEMENTE

- ✓ Orientar os catequizandos para que façam um minuto de silêncio, durante o qual se coloca uma música instrumental enquanto cada um reza e faz seu pedido e agradecimento a Deus. Encaminhar os pedidos a Jesus: pelos novos amigos da catequese e para ajudá-los a conhecê-lo melhor.
- ✓ Após, de mãos dadas, rezar juntos:

Ó Jesus, a nossa turma é legal.
Nós vamos conhecer você aos pouquinhos.
Por isso, estamos muito contentes.
Obrigado, Jesus.

E A SEMENTE BROTA

Pedir para que os catequizandos pensem em um amigo: pode ser da vizinhança, da escola, da creche... e entregar o cartão que fizeram na atividade, como prova de seu carinho e amizade. Não esquecer de convidar este amigo para brincarem juntos.

Guardando de cor: "Jesus, quero te conhecer mais a cada dia!"

Sugestão de canto para o encontro de catequese:

"A Alegria"

A alegria está no coração
De quem já conhece a Jesus
A verdadeira paz só tem aquele
Que já conhece a Jesus.
O sentimento mais precioso

Que vem do nosso Senhor
É o amor
Que só tem quem já
Conhece a Jesus.

(ROSSI, Pe. Marcelo. **Músicas para louvar ao Senhor**. Rio de Janeiro: Polygram, 1998)

02 – VOU CONHECER A DEUS

OBJETIVO:
Despertar nos catequizandos atitudes de admiração e louvor pela criação, presente de Deus.

ENTRANDO NO TERRENO

Dinâmica: Fazer um passeio próximo ao local do encontro de catequese, a fim de observar tudo o que existe: plantas, animais, o céu, o sol, as pessoas... Dar ênfase ao cotidiano: as plantas brotando, os animais andando, as pessoas conversando, os ruídos, os carros que passam...

Deixar que os catequizandos se expressem livremente.

Após, convidá-los a ouvirem a história de um menino que gostava muito de passear pelo jardim, assim como eles fizeram neste encontro.

PREPARANDO O TERRENO

1 – História: "O passeio"

Robertinho, desde pequeno, se interessava muito por plantas. Era só ver uma e lá ia ele regar, tirar folhinhas velhas, adubar... Gostava tanto de flores que vivia pedindo a sua mãe para levá-lo ao Parque do Ingá, lugar bonito, cheio de plantas e animais.

Certo dia, sua mãe o levou a este parque. Robertinho corria alegre por entre as árvores e flores, de repente, uma abelha voou sobre ele em direção a uma flor. Assustado, ele se escondeu atrás de sua mãe.

– Robertinho, as abelhas são pequenas e parecem inimigas dos homens. Mas são muito boas e trabalham bastante, vão de flor em flor em busca do néctar. Este líquido, que se encontra nas flores, é levado até a colmeia para as abelhas fazerem o mel.

E a mãe de Robertinho continuou dizendo:

– As plantas, as flores, os passarinhos são presentes de Deus para nós. Eles não falam, não pensam, não sabem amar. Mas o passarinho, por exemplo, quando canta, quer nos dizer, no seu jeito de passarinho, que é feliz e que Deus nos ama e quer bem a todos nós.

O guarda florestal, que de longe ouvia a conversa, aproximando-se disse:

– Filho, quando nós olhamos essas criaturas, devemos louvar a Deus e dizer a Ele um muito obrigado, por tantos presentes.

2 – Conversando com a história:

Do que Robertinho gosta tanto? Onde ele queria passear? O que uma planta precisa para viver? Para que servem as plantas? E os animais? Por que precisamos cuidar das plantas e dos animais? Como podemos agradecer a Deus por tantos presentes que Ele nos dá?

Convidar os catequizandos a descobrir, na Bíblia, para que Deus fez tantas coisas: o sol, a água, a terra e as pessoas?

PLANTANDO A SEMENTE

1. Acolher a Palavra de Deus, com este refrão:

> Aleluia, viva! Aleluia, viva!
> Aleluias, vivas a Jesus! (bis).

(KOLLING, Ir. Miria T. **Vamos à casa do Senhor.** Cd. Vol. I. São Paulo: Paulus, 2001, faixa 5)

2. Leitura: Gn 2,15 – "O Senhor Deus tomou o homem e colocou-o no jardim do Éden para cultivá-lo e guardá-lo."

3. Mensagem: Deus fez da terra um lugar especial, onde podemos encontrar tudo o que precisamos para viver: as plantas para nos alimentar, fazer remédios que nos curam, móveis para nossas casas; e os animais, que nos servem como alimento e nos ajudam no trabalho. Tanto as plantas como os animais nos dão muitas alegrias.

> **Sugestão:**
> Durante a exploração da mensagem, mostrar às crianças gravuras sobre a natureza, cenas com árvores, animais, jardins, lagos, flores...

Foi para nós que Deus fez todas as coisas: o sol, a terra, a água, as plantas e as sementes. Porque Ele nos ama muito e nos quer ver felizes. Cuidando com carinho da natureza estaremos agradecendo a Deus por todos os presentes que Ele nos deu.

4. Atividades: Realizá-las no livro do catequizando.

REGANDO A SEMENTE

Convidar os catequizandos a pensarem um pouco em todos os presentes que Deus no dá.

Motivá-los a agradecerem e cuidarem, com muito carinho, das plantas e dos animais.

Rezar juntos a oração:
Obrigado, Senhor!
Catequista: Pelo sol e pela água.
Catequizandos: Obrigado, Senhor!
Catequista: Pela terra e pelo vento.
Catequizandos: Obrigado, Senhor!
Catequista: Pelas árvores e pelas flores.
Catequizandos: Obrigado, Senhor!
Catequista: Pelas plantas e pelas sementes.
Catequizandos: Obrigado, Senhor!
Catequista: Pelos animais e pelos pássaros.
Catequizandos: Obrigado, Senhor!

E A SEMENTE BROTA

✓ Distribuir sementes de feijão para que os catequizandos plantem e cuidem delas com carinho, como sinais do presente da vida que Deus dá a cada um de nós e a todos os seres.

Guardando de cor: "Eu te louvo Pai Criador do céu e da terra".

Sugestões de cantos para o encontro de catequese:

1) "Eu vou em Deus me alegrar"

Refrão: *Eu vou, eu vou, em Deus me alegrar,*
Porque, porque, sem fim é seu amor!
Eu vou, eu vou, feliz sempre a cantar,
Porque, porque, comigo está o Senhor!

Que brilhe sobre nós
A luz de seu olhar
E todos saberão
Que é o Senhor o nosso Deus!

(KOLLING, Ir. Miria T. **Vamos à casa do Senhor**. São Paulo: Sonopress, 2001)

2) "Eu tenho tanto"

Eu tenho tanto (10x) para estar agradecendo
Eu tenho... (cada criança cita algo que quer agradecer a Deus Pai)
para estar agradecendo

(gestos deste canto: no "Eu tenho tanto..."
move-se a perna para frente e para trás,
no "estar agradecendo" mãos juntas e saltitando de lado)

(DEPTO. DE CATEQUESE DA ARQUIDIOCESE DE CURITIBA. **Animar, orar e celebrar**. Curitiba: Copygraf, 2001, n. 106)

03 – UM LIVRO PARA AMAR

OBJETIVOS:
1. Conscientizar que a Bíblia é a Palavra de Deus para nós;
2. Descobrir que ler a Bíblia nos ajuda a amar a Jesus e a viver melhor.

ENTRANDO NO TERRENO

Dinâmica: "Só amamos o que conhecemos".

As crianças, de olhos fechados, vão rodando pela sala. Ao sinal do(a) catequista devem se reunir em duplas. Uma de cada vez, deve tentar reconhecer o outro sem vê-lo e sem falar, apenas tocando-o.

Explicar para os catequizandos que não amamos o desconhecido, que precisamos conhecer para poder amar.

Com Jesus também é assim, e é por meio da Bíblia que iremos conhecê-lo e amá-lo.

PREPARANDO O TERRENO

1 – História: "Que livro é esse?"

Havia uma menina, chamada Carol, que era muito alegre e esperta. Ela gostava de ir à escola, brincar com os amigos, enfim, de fazer muitas coisas. Apenas de uma coisa Carol não gostava: ler. Em sua casa havia muitos livros, que ficavam empoeirados na prateleira.

Certo dia, uma tia de Carol mudou-se para o seu bairro. Em sua casa, num lugar especial da prateleira havia um grande livro. A menina ficou muito curiosa, principalmente depois que observou que sua tia lia este livro com muita alegria. Carol passou a interessar-se pelo livro e quis saber mais sobre ele. Então, sua tia lhe explicou que era a Bíblia. Não era apenas um livro e sim a Palavra de Deus. Falou ainda que a pessoa mais importante da Bíblia é Jesus Cristo, e que nela aprendemos muitas coisas importantes, como: a mudança de vida, o que é preciso para seguir a Jesus e sobre a vida em comunidade.

Carol ficou surpresa em saber que um livro podia trazer tantas coisas interessantes e quis conhecê-la ainda mais. Sabem como Carol fez isto? Passou a ler, todos os dias, um pequeno texto da Bíblia, sozinha ou com sua tia. E, quanto mais ela lia, mais queria ler. Então, um dia, recebeu um pacote muito bonito e ao abri-lo, qual foi sua surpresa? Uma Bíblia só para ela.

> **Sugestão:**
> Contar esta história usando fantoches.

15

2 – Conversando com a história:

O que Carol gostava de fazer? De que não gostava? Quem se mudou para seu bairro? O que, na casa da tia de Carol, a deixou curiosa? Que livro era este? Do que fala a Bíblia?

Depois que descobriu a importância da Bíblia, Carol passou a ler um pequeno texto seu todos os dias. Que bom que Carol, desde criança, passou a conhecer a Palavra de Deus.

Quer saber por que é importante conhecer a Bíblia desde criança?

PLANTANDO A SEMENTE

1. Acolher a Palavra de Deus com o refrão de um canto de aclamação ao Evangelho que os catequizandos conheçam.

2. Leitura: 2Tm 3,15 – "Desde a infância você conhece as Sagradas Escrituras e sabe que elas têm o poder de lhe comunicar a sabedoria que conduz à salvação, pela fé em Jesus Cristo."

3. Mensagem: Conversar sobre a Bíblia: se eles já a conhecem e se suas famílias leem a Bíblia. Falar sobre o carinho e o respeito que se deve ter para com a Palavra de Deus. Destacar a importância de conhecermos a Bíblia desde criança, pois ela nos ajuda a conhecer melhor Jesus, para assim podermos amá-lo ainda mais. Através da Bíblia aprendemos a viver melhor. Comentar que ela está dividida em 2 partes: Primeiro ou Antigo Testamento (fala da criação do mundo, dos animais, das plantas e do homem, fala do amor de Deus por nós e de coisas que aconteceram muito antes de Jesus nascer) e, Segundo ou Novo Testamento (conta toda a história de Jesus: como ele nasceu, como viveu, o que falou e tudo o que Ele fez por nós).

4. Atividades: Realizá-las no livro do catequizando.

REGANDO A SEMENTE

✓ Com música instrumental, prepara-se a mesa da Palavra, com flores, cruz, velas acesas e a Bíblia.
✓ Iniciar a oração fazendo o Sinal da Santa Cruz, explicando que deve ser feito com o polegar direito e qual o sentido dos gestos que são feitos:

Pelo Sinal da Santa Cruz (cruz na testa) – Que os pensamentos estejam sempre voltados para o bem!

Livrai-nos Deus Nosso Senhor (cruz na boca) – Que falemos sempre a verdade!

Dos nossos inimigos (cruz no coração) – Que eu ame todas as pessoas como Jesus amou!

Em nome do Pai e do Filho e do Espírito Santo. Amém.

✓ Todos voltam as mãos para a Bíblia e o catequista faz uma oração espontânea.

E A SEMENTE BROTA

✓ Dizer aos catequizandos que agora conhecem melhor a Bíblia, o livro mais importante para nós, cristãos, que deve guiar-nos em nosso dia a dia.

✓ Motivar os catequizandos a lerem, com a família, todos os dias, algum texto da Bíblia para descobrirem o que Jesus tem a lhes dizer.

✓ Orientar os catequizandos a utilizarem o marcador de páginas feito no encontro, às vezes em que lerem um texto da Bíblia.

Guardando de cor: "A Bíblia é a Palavra de Deus".

Sugestão de canto para o encontro de catequese:

"A Bíblia"

Refrão: A Bíblia, a Bíblia, me faz feliz assim!
Li um livro emocionante,
De aventuras, sem igual.
Foi escrito há muito tempo atrás.
Mas mesmo assim é atual.
Tem histórias e profecias,
É um livro genial. É...

(LUZ E CANTO. **Grandes Aventuras**. 1ª parte. São Paulo: Videolar Multimídia, 1996)

04 – UM SIM ESPECIAL

OBJETIVOS:
1. Conhecer como Jesus entrou na história dos homens por meio do sim de Maria;
2. Aprender a dizer "sim" aos convites que Deus nos faz.

ENTRANDO NO TERRENO

Dinâmica: "Sim ou não"
As crianças poderão ficar em pé ou sentadas, formando um círculo. O catequista explica que fará algumas perguntas às quais elas devem responder apenas "sim" ou "não", mas sem falar. O gesto do "sim" são os braços estendidos para frente e o gesto do "não" são os braços cruzados sobre o peito. Na sequência, o catequista faz as perguntas: quer tomar um sorvete? Quer levar um beliscão? Arrumar sua cama? Foi na missa domingo passado? E outras, de acordo com a sua realidade. Após a dinâmica, conversar com as crianças, dizendo que todos os dias tomamos decisões e dizemos sim ou não.

Dizer-lhes que neste encontro vamos conhecer a história de uma mulher especial, que deu um sim também muito especial.

PREPARANDO O TERRENO

1 – História: "Um Sim especial"
Há muitos e muitos anos, na cidade de Nazaré, morava uma moça chamada Maria. Todas as pessoas daquele lugar conheciam as palavras dos profetas, que diziam que Deus escolheria uma moça para ser a mãe do Seu Filho. Maria era humilde e confiava em Deus. Tinha um coração aberto para Deus. Rezava, fazia com amor seus afazeres e olhava a todos com bondade e ternura. Um dia, um anjo foi enviado à Maria e lhe disse:

– Deus escolheu você, Maria, para ser a mãe do Salvador, porque Deus olhou para a sua bondade e humildade.

Maria ficou rezando baixinho e disse:
– Meu Deus, seja feita a sua vontade. SIM, eu aceito.

E o anjo voltou para Deus.
(Cf. Lc 1,26-38)

> **Sugestão:**
> Usar gravuras de Maria e do anjo para ilustrar a história.

18

2 – Conversando com a história:

Como era Maria? Maria foi escolhida para quê? Qual foi a resposta de Maria?

PLANTANDO A SEMENTE

Motivar as crianças para escutar como Maria respondeu ao anjo.

1. Pode-se fazer uma pequena procissão da Bíblia, com vela, flores e a imagem de Maria. Colocar música instrumental.
2. Leitura: "Então disse Maria: 'Eis aqui a serva do Senhor. Faça-se em mim segundo a tua palavra'".
3. Mensagem:
   Refletir com as crianças: Maria disse SIM a Deus e, através do seu "sim", Jesus veio ao mundo, viveu aqui na terra e ensinou muitas coisas. O "sim" de Maria mudou a história. Em nosso dia a dia podemos dizer "sim" a Deus: em casa (obedecendo pai e mãe, não brigando com os irmãos), na catequese (indo aos encontros com alegria, participando das missas...), na escola (respeitando os colegas, as coisas dos outros, obedecendo a professora)...
4. Atividades: Realizá-las no livro do catequizando.

REGANDO A SEMENTE

- ✓ O catequista providencia um coração com a gravura de Maria ao centro e flores de papel, de acordo com o número de crianças.
- ✓ Entregar uma flor para cada criança. Motivar para rezarem uma Ave-Maria.
- ✓ Em seguida, colocam-se em volta do coração e cada criança estenda a sua mão com a flor em direção à imagem de Maria, cantando o refrão:
   "Maria do 'sim', ensina-me a viver meu sim".

E A SEMENTE BROTA

Cada criança levará a sua flor para casa, com o compromisso de rezar com a família uma Ave-Maria, pedindo para que a mãe de Jesus dê forças a cada um para dizer "sim" a Deus.

Guardando de cor: "Quero dizer sim, como Maria".

Sugestão de canto para o encontro de catequese:

1. Maria do 'SIM'

Refrão: Maria do "Sim" ensina-me a viver meu "sim".

1. Um dia Maria deu o seu 'sim', mudou-se a face da terra. Porque pelo 'sim' nasceu o Senhor, e veio morar entre nós o amor.

Um dia eu dei também o meu 'sim', um 'sim' que mudou minha vida. Porque dar um 'sim' é igual a morrer a fim de que Deus possa em nós viver.

(KOLLING, Ir. Miria T. (et al.). **Vamos Cantar**. Petrópolis: Vozes, 1992)

2. Mãe, mãe, mãe

Maria
cheia de graça
Amor que abraça
Nos chama de filhos

Maria
Mãe que ilumina
Nosso caminho
Nos conduza a Deus

Maria
Mãe da Igreja

Convida-nos sempre a orar
Maria esplendor de beleza
Que alegria
Poder cantar seu nome
Maria...

Mãe, mãe, mãe
Maria nossa mãe
Mãe, mãe, mãe
Maria nossa mãe.

(ROSSI, Pe. Marcelo. **Músicas para louvar o Senhor**. Rio de Janeiro: Polygram do Brasil, 1998)

05 – ALELUIA! JESUS NASCEU!

OBJETIVO:
Compreender que amar e respeitar as pessoas é acolher Jesus em nosso coração.

ENTRANDO NO TERRENO

Dinâmica: "Nasceu dia"

Cada catequizando deverá estar com um crachá com o dia e o mês de seu nascimento. Em pé, formar um círculo. O catequista inicia, dizendo: "nasceu dia..." (e fala o dia e mês que nasceu um dos catequizandos) e, em seguida, joga a bola para o alto. Quem nasceu nesta data deve pegar a bola sem deixá-la cair no chão. E assim segue a brincadeira. Ao final, comentar sobre a data do aniversário de cada um. Pode-se perguntar: onde nasceram, se os pais contaram alguma coisa de como foi este dia e assim por diante.

Conversar com os catequizandos, que nem todas as crianças têm a alegria de comemorar seus aniversários com suas famílias, porque sendo muito pobres vivem pelas ruas. Muitas vezes, elas têm de pedir comida, agasalho e até pouso em casa de desconhecidos, que nem sempre estão dispostos a acolhê-las.

Convidar os catequizandos a ouvirem a história de uma destas crianças pobres.

PREPARANDO O TERRENO

1 – História: "Acolher Jesus no coração"

Kauê, um menino de rua, começou a observar que o mês de dezembro mal começara e já havia um grande movimento no centro da cidade. O motivo? O mesmo de todo ano: o Natal. Ele que morava na rua há tanto tempo, nunca havia passado um Natal em família e nem sabia direito do que se tratava, apenas ouvia falar... Este ano, pensou Kauê, vou descobrir o que é este tal de Natal. E passou a observar tudo o que acontecia de diferente. As lojas e casas colocavam luzes de várias cores, que eram acesas à noite. As pessoas saiam das lojas cheias de pacotes com presentes. As lanchonetes, restaurantes, sorveterias, estavam sempre cheias. "Será que isto é o Natal?"

Os dias passavam e Kauê não conseguia descobrir nada. Triste e cansado, sentou-se na praça de cabeça baixa. Não percebeu que um senhor aproximou-se, perguntou seu nome e o motivo de tanta tristeza. Kauê explicou que era por não saber o que era Natal. Então, o senhor o abraçou e o levou para comer. E com as mãos em seus ombros disse:

"Kauê, Natal é amor. Natal é amar, porque neste dia, nasceu aquele que veio somente para amar: Jesus".

Kauê ficou muito feliz, enfim, descobrira o que era o Natal.

> **Sugestão:**
> Levar gravura de um menino, um homem e uma cidade enfeitada para o Natal.

2 – Conversando com a história:

Onde morava Kauê? O que Kauê queria saber? Quem se aproximou dele? Como Kauê descobriu o que era Natal? E para você o que é o Natal?

Existem muitos meninos e meninas de rua como Kauê. Passam fome, frio e quase não recebem carinho. Por isso não sabem o que é Natal, porque o Natal deve acontecer em nosso coração. E só acontece quando amamos e somos amados.

Kauê foi acolhido por um senhor que lhe deu comida e carinho. Será que todas as crianças de rua são acolhidas como ele?

E o Menino Jesus, será que ao nascer também foi acolhido?

PLANTANDO A SEMENTE

1. Acolher a Palavra de Deus com este refrão:

Aleluia, viva! Aleluia, viva!
Aleluias, vivas a Jesus! (bis)

(KOLLING, Ir. Miria T. **Vamos à casa do Senhor**. Coral Infantil Do-Ré-Mi. São Paulo: Sonopress, 2001)

2. Leitura: Lc 2,7 – "Ela o enfaixou, e o colocou na manjedoura, pois não havia lugar para eles dentro da casa."

3. Mensagem:

Maria e José não encontraram lugar para ficar e tiveram que se acomodar em um estábulo. E, quando Jesus nasceu, Maria o acomodou em uma manjedoura.

Jesus, com seu nascimento, quis nos ensinar que mesmo ele, o Filho de Deus, precisou ser acolhido, mostrando-nos assim, que todas as pessoas precisam ser acolhidas.

Quando acolhemos as pessoas é como se acolhêssemos o próprio Jesus.

Se Jesus fosse nascer hoje, que lugar você poderia oferecer para ele nascer? Você sabia que Jesus pode nascer novamente neste Natal? Basta que você tenha um lugar para ele em sua casa, em sua família, em sua vida e em seu coração.

4. Atividades: Realizá-las no livro do catequizando.

REGANDO A SEMENTE

- ✓ Convidar as crianças para acolherem Jesus com o mesmo carinho que Maria usou para enfaixá-lo e colocá-lo na manjedoura.
- ✓ Preparar, com a ajuda dos catequizandos, a manjedoura, e enfeitar o presépio.
- ✓ Em clima de oração, passar, de mão em mão, a imagem do menino Jesus e conversar com os catequizandos sobre o lugar em que Jesus nasceu, porque ele nasceu naquele lugar, quem estava perto dele, como gostariam que tivesse sido.
- ✓ Pedir a todos que, de mãos dadas, rezem juntos o versinho:

> **Material:**
> Lembre-se, catequista, de trazer para este Encontro uma manjedoura, a imagem do menino Jesus e enfeites para o presépio.
> Providenciar papel crepon colorido para realizar a atividade 3 no livro dos catequizandos.

Em volta do Menino Jesus.
Vamos todos nos colocar.
Ele nasceu em Belém.
Mas conosco quer morar.

E A SEMENTE BROTA

Catequista, motive os catequizandos a:

- ✓ Conversar com a mamãe e o papai sobre pessoas e famílias que eles conhecem e que precisam de ajuda. Será que estão precisando de alimentos, leite, roupa, sapatos ou apenas uma palavra de carinho?
- ✓ Descobrir juntos uma maneira de contribuir com esta pessoa ou família.

Guardando de cor: "Jesus, quero que você viva em meu coração."

Sugestão de canto para o encontro de catequese:

É Natal mais uma vez!

1. *É Natal mais uma vez,*
   Pois um Deus gente se fez!
   Entre nós veio morar,
   Pra nos ensinar a amar!

Refrão:
Natal, é Natal!
Vou abrir meu coração.
Natal, é Natal!
Cristo nasce em cada irmão!

(KOLLING, Ir. Miria T. **Canções infantis**. Cd. São Paulo: Paulus, 1997, faixa 20)

06 – QUEM QUER CRESCER?

OBJETIVO:
Compreender que, na escola e na catequese, crescemos em sabedoria e graça, sob o olhar de Jesus.

ENTRANDO NO TERRENO

Dinâmica: "Desafios dos nomes"

Sentados em círculo, uma criança começa dizendo a comida que mais gosta. Quem estiver à esquerda repete a comida que o amigo mais gosta e diz, em seguida, a sua comida preferida. O seguinte diz a comida do primeiro, do segundo e também a sua comida predileta, e assim por diante. Quando alguém errar, pagará uma prenda. E aí tudo deve recomeçar, a partir de quem errou, até que todos tenham falado suas comidas preferidas.

Após a dinâmica, conversar sobre a importância dos alimentos para o seu crescimento. Mas, será que precisamos apenas crescer em tamanho? Convidá-los a escutar uma história que fala do que mais precisamos para crescer.

(Adaptado de "Desafios dos nomes" – p. 8 – DONZELLINI, Mary. **Dinâmica de grupo para catequistas**. 7. ed. São Paulo: Paulus,1994 – Catequizando I).

PREPARANDO O TERRENO

1 – História: "No país dos besouros"

No país dos besouros moravam dois irmãos. Beto era obediente, ajudava a mãe deixando seu quarto sempre em ordem e gostava muito de estudar. Já, Boris, respondia aos pais, só gostava de assistir Tv e jogar vídeo game. Estudar, nem pensar! Qualquer coisa era motivo para faltar à aula.

Um dia pela manhã, Beto saia do quarto com uma pilha de livros e cadernos nas mãos e não viu que a porta do corredor estava fechada. E... Poim! Beto trombou com a porta e derrubou todo o material. Boris que via tudo, deu muita risada e disse: "Viu o que dá estudar tanto?"

Então Beto falou: "Boris, você não devia rir de mim. Este material é muito importante, está me ajudando a fazer uma pesquisa da escola. Eu já sei o que quero ser quando crescer: um besouro cientista muito importante e assim poderei ajudar muitas pessoas. E você!?"

Boris pensou no que o irmão falou, na verdade ele estava certo. Ele nunca havia pensado no que seria quando crescesse. Então, ajudou seu irmão a recolher o material e também foi à escola. Boris entendeu que a escola o ajudaria a aprender tudo o que um besouro precisa saber.

2 – Conversando com a história:

Como era o besouro Beto? E seu irmão, Bóris? O que vocês acharam das risadas de Bóris quando Beto trombou com a porta? Vocês entenderam a resposta de Beto? E você, gosta de ir à escola? O que você aprende nela? A escola é um lugar onde desenvolvemos nossa inteligência, onde fazemos amizades, e onde aprendemos muitas coisas. Muitas vezes reclamamos de ir à escola, pois achamos chato e cansativo estudar. Mas existem muitas crianças que não têm oportunidade de estudar, por falta de dinheiro (material, uniforme), por morarem muito longe ou por terem que trabalhar. Estudar é uma oportunidade muito especial que temos e que devemos aproveitar.

PLANTANDO A SEMENTE

Será que Jesus também ia à escola? O que será que ele aprendia lá? Jesus foi criança como cada um de vocês: vivia com seus pais, brincava e também crescia em tamanho.

Vamos ver o que fazia Jesus ser assim?
1. Acolher a Palavra de Deus com este refrão:

Aleluia, viva! Aleluia, viva!

Aleluias, vivas a Jesus! (bis).

(KOLLING, Ir. Miria T. **Vamos à casa do senhor.** Cd. Vol. I. São Paulo: Paulus, 2001, faixa 5)

2. Leitura: Lc 2,40 – "O menino crescia e ficava forte, cheio de sabedoria. E a graça de Deus estava com Ele."

3. Mensagem:

Jesus encantava a todos, por sua inteligência, sabedoria e graça, ou seja, se interessava por muitas coisas, porém, sem deixar de ter Deus sempre presente no seu coração e na sua vida.

O que devemos fazer para crescer como Jesus? Tenho me esforçado em ser como Ele: estudando, lendo a Bíblia, indo às missas, participando da catequese, respeitando as pessoas?

4. Atividades: Realizá-las no livro do catequizando.
Escrever a frase do "Guardando de Cor" em local visível para que os catequizandos possam copiar.

REGANDO A SEMENTE

✓ Pedir que os catequizandos façam um momento de silêncio.
✓ Rezar as preces:
Catequista: Pelos nossos pais, que nos ajudam e nos levam à escola.
Crianças: Queremos te agradecer, Jesus.
Catequista: Pelos professores, que nos ensinam tantas coisas boas.
Crianças: Queremos te agradecer, Jesus.
Catequista: Pelas pessoas que arrumam as salas para nós.
Crianças: Queremos te agradecer, Jesus.
Catequista: Pelos nossos coleguinhas, que estudam e brincam conosco.
Crianças: Queremos te agradecer, Jesus.

E A SEMENTE BROTA

Na escola, na catequese, podemos fazer novos amigos. Para isso, precisamos ir ao encontro deles como verdadeiros amigos. Vamos abraçar nossos amigos da catequese, desejando-lhes a paz de Jesus.

Guardando de cor: "Como Jesus, quero crescer em sabedoria e graça".

Sugestão de canto para o encontro de catequese:

"Salve, escola, que te quero bem!"
Refrão: Hoje bate alegre o coração e diz:
"És a minha escola que me faz feliz!".
Meu segundo lar,
Quero te cantar:
Mil felicidades, parabéns!

1. Salve, escola que te quero bem!
Tua vida minha é também
Luz e direção dás ao coração,
Para grandes ideais.

(KOLLING, Ir. Miria T. **Canções infantis**. Cd, Vol II. São Paulo: Paulus, 1999, faixa 3)

07 – QUE MENINO DIFERENTE!

OBJETIVO:
Reconhecer nas atitudes de Jesus a obediência a Deus Pai.

ENTRANDO NO TERRENO

Dinâmica: "O que o pai disser, faremos todos".

O catequista explica que, para esta "brincadeira", deve-se fazer de conta que todos são irmãos, porque têm o mesmo pai. Todos são muito obedientes e conforme o pai dá uma ordem, eles o obedecem. O catequista dá as ordens: "o papai mandou pular; o papai mandou andarem de costas", e outras, de acordo com a sua realidade. Ao final da dinâmica, conversar com os catequizandos, perguntando se as ordens foram fáceis ou difíceis.

Na brincadeira, todos seguiram as ordens. E, em casa? É difícil obedecer?

Convidá-los a ouvir a história de um menino muito obediente.

PREPARANDO O TERRENO

1 – História: "Onde está o Menino Jesus?"

Todos os anos havia uma festa muito importante em Jerusalém, uma grande cidade do país onde Jesus nasceu. Vinha muita gente para esta festa em caravanas, como as excursões de hoje em dia. Nas caravanas, eles se reuniam em grupos: grupo de mulheres, grupo de homens. Já as crianças podiam ficar com o pai ou com a mãe. Jesus vivia como qualquer menino de sua idade, e também participava desta festa. A família de Jesus ficou vários dias em Jerusalém e, quando terminou a festa, iniciaram a viagem de volta a Nazaré, lugar onde Jesus morava. José veio com os homens e Maria, com as mulheres. De noite, todos se reuniram para dormir e Maria e José viram que o Menino Jesus não estava entre eles. Ficaram muito preocupados e voltaram imediatamente para Jerusalém.

Procuraram, procuraram, e só depois de três dias o encontraram.

Vocês sabem onde ele estava?

Estava no Templo, falando de Deus, seu Pai, com uns homens muito sábios, que se chamavam Doutores da Lei.

Quando Maria e José o encontraram, ele lhes disse o que estava fazendo e voltou com eles para casa.

27

Maria pensava: o que será que vai acontecer com esse menino quando ele for grande?

2 – Conversando com a história:

O catequista deve verificar se compreenderam o vocabulário: caravana, Jerusalém, Judeu, Templo, doutores. Perguntar: Onde era a festa dos judeus? Como era organizada a caravana? Quando foi que Maria e José perceberam que Jesus não estava na caravana? O que fizeram eles? O que Jesus fazia no Templo?

Vamos descobrir na Bíblia como acabou esta história?

PLANTANDO A SEMENTE

1. Cantar, para acolher a Palavra de Deus:

   Refrão: Alê, alê, alê, aleluia! (bis)
   Alê, alê, alê, aleluia! (bis)
   A tua palavra, Senhor, quero ouvir
   Pra bem entender o que o Pai quer de mim.
   (KOLLING, Ir. Miria T. **Vamos à casa do Senhor**. São Paulo: Paulus, 2001, faixa 13)

2. Leitura: Lc 2,51a – "Jesus desceu então com seus pais para Nazaré, e permaneceu obediente a eles."

3. Mensagem:

   Jesus foi criança e, como cada um de vocês, passeava, rezava e viajava com sua família. A sua família, Maria sua mãe e José, seu pai adotivo, também tinham alegrias, tristezas e preocupações. Os pais de Jesus ficaram muito preocupados com o seu desaparecimento e foram procurá-lo.

   Jesus havia ficado em Jerusalém para obedecer a seu verdadeiro Pai, que está no céu. Mas, como Jesus amava e respeitava muito sua família, obedeceu a seus pais e voltou com eles para Nazaré. Vocês sabem o que deixava Jesus diferente de todas as outras crianças de sua idade, além de ele ser o Filho de Deus? Ele obedecia sempre à vontade de seu verdadeiro Pai (Deus Pai).

   O que é preciso para ser obediente aos pais? Você é um(a) filho(a) obediente?

4. Atividades: Realizá-las no livro do catequizando.

REGANDO A SEMENTE

✓ O catequista deverá dizer aos catequizandos que Jesus, mesmo menino, obedecia sempre à vontade de seu verdadeiro Pai. Quando somos obedientes a nossos pais, também estamos fazendo a vontade de Deus Pai.
✓ Convidá-los a rezarem a oração do Pai-nosso.

E A SEMENTE BROTA

✓ Pedir aos catequizandos que pensem onde precisam ser mais obedientes: em casa, na escola, na catequese... E convidá-los a, nesta semana, tentarem atender este pedido de Jesus.
✓ Toda vez que forem mais obedientes devem guardar uma pedrinha (denominá-la "pedrinha da obediência"). Trazê-las no próximo encontro de catequese para partilhar com os colegas a sua experiência.

Guardando de cor: "Jesus, quero te ouvir e guardar a tua voz no meu coração".

Sugestão de canto para o encontro de catequese:

"Jesus era um garotinho"

Refrão: *Jesus era um garotinho,*
Em Nazaré vivia;
Corria os montes com seus amigos,
Com eles se divertia.

Ele aprendeu carpintaria,
E sua mamãe Ele ajudava,
E sua lição Ele aprendia.
E ao cair se machucava.

(LUZ E CANTO. **Grandes Aventuras.** 2ª parte.
São Paulo: Aurora Produções, 1996)

08 – SOMOS DA MESMA FAMÍLIA DE JESUS

OBJETIVO:
Compreender que, quando nos amamos como irmãos, tornamo-nos parte da família de Jesus.

ENTRANDO NO TERRENO

Dinâmica: "Passa amor" (Variação da brincadeira do Passa Anel).

O Catequista orienta:

Material: Providenciar um coração de papel vermelho que caiba na palma da mão.

- ✓ todos deverão sentar-se no chão, em círculo, de mãos unidas, como em oração;
- ✓ passará com o coração de papel, que simboliza o amor nas mãos de todos os catequizandos;
- ✓ deixará o coração nas mãos de apenas um dos catequizandos, que não deverá contar aos colegas, guardando segredo;
- ✓ ao terminar, mostrar as mãos vazias e perguntar ao grupo: – "Vocês sabem me dizer com quem está o coração que representa o amor?"
- ✓ o catequizando que acertar passará o coração de mão em mão, dando continuidade à brincadeira.

Refletir a importância de dar e receber amor.
Contar a história que fala sobre o lugar onde recebemos o amor.

PREPARANDO O TERRENO

1 – História: "A formiguinha Gabi"

Era uma vez uma formiga chamada Gabi. Morava em um formigueiro, num jardim muito bonito. Ela sentia-se infeliz, pois achava a vida no formigueiro muito chata. Nada de diferente acontecia. Certo dia, ela chamou sua irmã Guta para ir embora e procurar o lugar onde estivesse a felicidade. Mas, Guta respondeu:

Sugestão:
Que tal contar esta história com a ajuda de um flanelógrafo?
São apenas três personagens: duas formigas e a menina.

– Eu não quero ir, gosto muito de viver no formigueiro e quero ficar perto do papai, da mamãe e de minhas amigas. E acho o jardim um lugar muito grande e perigoso para duas

30

formiguinhas tão pequenas saírem sozinhas. Podemos até ser pisadas por algum animal ou por uma pessoa.

Gabi não escutou as recomendações da irmã e partiu sozinha. Andou por vários lugares e ficava pouco tempo em cada um. No início, achava que tinha encontrado o lugar que procurava, mas já no segundo dia, sentia que lá não estava a felicidade. Então, partia novamente. Um dia, de repente, sentiu seu coração arder. Achou que poderia estar se aproximando do lugar onde encontraria a felicidade. Ela foi andando tão feliz que não observou que aquele caminho era conhecido. Na realidade, ela havia dado a volta em todo o jardim e se aproximava do seu formigueiro.

Assim, ela compreendeu que aquele era o melhor lugar do mundo. Pois, a felicidade não está em um lugar e sim no nosso coração, quando amamos e somos amados.

2 – Conversando com a história:

Por que Gabi quis sair de casa? Ela encontrou logo o lugar que procurava? O que ela sentiu quando se aproximou do seu formigueiro? Gabi entendeu que apenas somos felizes quando estamos entre as pessoas que amamos e por quem somos amados.

Você recebe amor de sua família como Gabi? Você demonstra amor para o papai, a mamãe e os irmãozinhos? Nossa família são as pessoas que moram e cuidam da gente. Pode ser a mamãe, o papai, a avó, o avô.

Jesus também tinha uma família que o amou muito: José e Maria. Ele nos convida a fazermos parte de sua família.

Vamos descobrir como podemos fazer parte da família de Jesus?

PLANTANDO A SEMENTE

1. Acolher a Palavra de Deus com este refrão:

    Aleluia, viva! Aleluia, viva!
    Aleluia, vivas a Jesus (bis)
    (KOLLING, Ir. Miria T. **Vamos à casa do Senhor**. Cd. São Paulo: Paulus, 2001, faixa 5)

2. Leitura: Mt 12,50 – "Pois todo aquele que faz a vontade de meu Pai que está nos céus, esse é meu irmão, minha irmã e minha mãe."

3. Mensagem:

    Jesus nos ensinou que todos somos irmãos e que podemos chamar a Deus de "Pai". Se somos todos irmãos e temos o mesmo Pai, fazemos parte da mesma família.

    Como parte da família de Jesus, precisamos amar as pessoas como Ele amou.

    Amar não é só ficar dizendo "te amo". A mamãe e o papai, por exemplo, demonstram que amam você de muitas maneiras. Quando a mamãe faz seu lanche, penteia seu cabelo, está dizendo: "te amo". Quando o papai leva você para cama, dá a mão para você atravessar a rua, está dizendo: "te amo".

Jesus fica muito contente quando somos amados e amamos nossa família.

4. Atividades: Realizá-las no livro do catequizando.

REGANDO A SEMENTE

✓ Colocar em destaque uma imagem ou gravura da Sagrada Família.

✓ Convidar os catequizandos para depositarem, junto à Sagrada Família, as "pedrinhas da obediência", que conseguiram juntar na semana que passou .

Material:
- fios de lã coloridos
- cola
- tesoura

✓ Juntos, assumem o compromisso de serem obedientes:

- A catequista convida as crianças a repetirem:

• Eu quero ser como Jesus: bondoso e obediente.

• Assim, meu amigo Jesus, você estará sempre contente comigo.

✓ A seguir, rezam dizendo que quando amamos as pessoas nos tornamos a grande família, a família de Jesus:

Catequista: Abençoe e proteja as famílias do mundo inteiro.

Catequizandos: Jesus, escute a nossa prece.

Catequista: Cuide dos nossos pais.

Catequizandos: Jesus, escute a nossa prece.

Catequista: Proteja meus irmãos e a mim também.

Catequizandos: Jesus, escute a nossa prece.

E A SEMENTE BROTA

Dizer aos catequizandos que, assim como Jesus amou muito sua família, nós devemos amar a nossa. Por isso, nessa semana, eles deverão ajudar a mamãe nas tarefas de casa: guardar os brinquedos, arrumar a cama, atender logo quando a mamãe, papai ou quando alguém da família lhe pedir um favor.

Guardando de cor: "Sou feliz porque faço parte da família de Jesus".

Sugestão de canto para o encontro de catequese:

"Bênção às famílias" (Adaptado de Abençoa-nos, Senhor)
*Nossas famílias serão abençoadas,
pois o Senhor vai derramar o seu amor.
Derrama, ó Senhor. Derrama, ó Senhor.*
Derrama, sobre elas, teu amor!
(Adaptação de: ASSOCIAÇÃO DO SENHOR JESUS. **Louvemos o Senhor.** Campinas, 2003)

09 – VOU CAMINHAR COM JESUS

OBJETIVO:
Perceber que, assim como Jesus chamou os 12 apóstolos para seguí-lo, hoje ele chama cada um de nós.

ENTRANDO NO TERRENO

Dinâmica: "Corre, trenzinho".

Cada catequizando terá o nome de uma das partes do trem: roda, apito, manivela, vagão, caldeira, janela, rodas, bancos... O catequista será a máquina e fala: "O trem vai partir, mas não pode porque falta a ..." e diz o nome de uma das peças. O catequizando que recebeu o nome desta peça, corre e coloca as mãos no ombro da "máquina". A máquina vai chamando cada peça que vai se alinhando. Quando todos forem chamados, a máquina sai correndo. Quem quebrar a corrente vai para o final do trem. Depois de terminar a dinâmica, refletir sobre a importância de cada um para que o trem ficasse completo e da dificuldade que tiveram de ficar unidos.

Assim também fez Jesus. Foi chamando pessoa por pessoa, para fazer parte do seu grupo. Ler a poesia para que os catequizandos possam perceber como e para o quê Jesus chamou estas pessoas.

PREPARANDO O TERRENO

"Jesus e os doze"
1. Junto ao mar da Galileia
Jesus parou e pôs-se a olhar
Viu dois irmãos trabalhando,
Com suas redes a pescar.

2. O nome de um era André
O outro, Pedro ou Simão.
Pareciam bons e honestos
Trabalhavam em união.

3. "Venham comigo! – Eu prometo!".
Não mais peixes pescarão,
Mas pescadores de homens
De agora em diante serão.

Sugestão:
Enquanto se conta a história, pendurar os peixinhos com o nome dos discípulos em uma rede. Depois, contar o número de apóstolos para descobrir o número 12.

4. Meio confusos ficaram
A olhar para Jesus
Viram só bondade, amor
Em seu semblante de luz.

5. E os dois com Ele ficaram
Pra seguí-lo em sua via
E logo depois encontraram
Outros irmãos nesse dia.

6. Tiago e João, junto ao barco
Suas redes consertavam
Disse Jesus: "Eis mais dois
Daqueles que eu procurava."

7. Aos quatro Jesus disse
O que ele iria ensinar:
Que a Boa Notícia do Reino
É para quem o escutar.

8. E achou depois mais amigos:
Felipe e Bartolomeu.
A estes juntou-se outro,
Fiscal de Impostos, Mateus.

9. E encontraram a Tomé
E Tadeu pelo caminho.
Já gostaram de Jesus
E o seguiram com carinho.

10. Mais tarde encontraram Tiago
E Simão, o zelador.
Também Judas. Todos dizem:
"Vamos segui-lo, Senhor!".

11. Com os seus doze discípulos
O mestre estava contente.
Aceitaram o convite:
Ser pescador de gente.

12. Falava palavras simples,
Ao coração e a mente
E os doze ajudavam
A falar a toda gente.

(DAVIDSON, Alice Joyce. **A história de Jesus e seus discípulos.** Alice Joyce Davidson. Tradução. O. ABRAMO. São Paulo: Paulinas, 1950. Adaptação.)

2 – Conversando com a história:

- Quem Jesus chamou primeiro?
- Que outros amigos ele encontrou pelo caminho?
- Quantos amigos ele chamou?
- Para que Jesus convidou tantos amigos? Eles aceitaram o convite?

PLANTANDO A SEMENTE

1. Acolher a Palavra de Deus com o refrão:

    Alê, alê, alê, aleluia! (bis)
    Alê, alê, alê, aleluia! (bis)
    A tua palavra, Senhor, quero ouvir.
    Pra bem entender o que o Pai quer de mim.

    (KOLLING, Ir. Miria T. **Vamos à casa do Senhor.** Coral Infantil Do-Ré-Mi. São Paulo: Paulus, 2001, faixa 13)

2. Leitura: Mc 1,17 – "Sigam-me, e eu farei de vocês pescadores de homens."

3. Mensagem:

    Jesus convidou os doze amigos para seres pescadores de homens. Sabem o que quer dizer isto?

    Jesus queria dizer que todas as pessoas, homens, mulheres e crianças conhecessem sua mensagem de amor, a "Boa-Nova". Jesus não queria fazer isto sozinho e sim com pessoas amigas. Foi por isso que Jesus chamou doze amigos. Eles aceitaram o convite de Jesus porque viram que Jesus demonstrava muito carinho e amor para com as pessoas. Os doze deveriam falar de amor e justiça às pessoas do mundo todo para que conhecessem a mensagem de Jesus.

4. Atividades: Realizá-las no livro do catequizando.

Para a realização da atividade 2 recorde com seus catequizandos a história "Jesus e os doze".

REGANDO A SEMENTE

✓ Providenciar uma caixa com areia, onde estarão colocados os peixinhos.

Material:
- caixa com areia ou serragem;
- peixinhos (1 para cada catequizando);
- varas de pescar.

✓ Com a varinha de pescar, cada um retirará um peixinho, escreverá seu nome e dirá a Jesus que quer segui-lo. Pendurá-lo, a seguir, na rede onde já estão os nomes dos 12 apóstolos.

✓ Após, todos rezarão juntos:

Jesus, meu amigo, antes você chamou os doze.
Hoje, você me chama. Eu vou te seguir.
Obrigado, Jesus!

E A SEMENTE BROTA

Pedir que os catequizandos levem para casa o peixinho com seu nome, lembrando que já foram "pescados". Contar para alguém da família sobre a história e explicar por que tem um peixinho com seu nome.

Guardando de cor: "Venham comigo e eu farei de vocês pescadores de homens."

Sugestão de canto para o encontro de catequese:

Vamos à casa do Senhor

Refrão:
Eu me alegrei, fiquei feliz, feliz fiquei,
e me alegrei, quando me disseram:
"Vamos para a Casa, vamos para a Casa do Senhor!"

1. Se eu busco alegria, alegria encontro aqui.
Celebremos a alegria que nos vem do nosso Deus!

(KOLLING, Ir. Miria T. **Vamos à casa do Senhor.** Cd. Vol. I. São Paulo: Paulus, 2001, faixa 1)

10 – IGREJA, CASA DE TODOS NÓS

OBJETIVO:
Compreender que na Igreja nos reunimos como família de Deus.

ENTRANDO NO TERRENO

Cantar com alegria: **Reunidos aqui**
   Reunidos aqui só pra louvar o Senhor (mãos para o alto)
   Novamente aqui e união (segurar as mãos dos colegas)
   algo bom vai acontecer (sinal positivo)
   Algo bom Deus tem para nós (apontar para o céu)
   Reunidos aqui, vou abraçar os irmãos (abraçar os colegas)
         (ROSSI, Pe. Marcelo. **Músicas para louvar o Senhor**. Rio de Janeiro: Polygran do Brasil, 1998)

PREPARANDO O TERRENO

1 – História: "O convite"

> **Sugestão:** Que tal encenar a história? Crie personagens para que todos participem.

Paulo estava voltando da escola, quando escutou um choro bem baixinho. Foi caminhando em direção ao barulho e encontrou uma menina, que parecia ter uns quatro ou cinco anos. Paulo perguntou por que ela chorava e qual era seu nome. A menina respondeu, entre soluços, que se chamava Ana e que seu cachorro havia desaparecido. E, por ter andado tanto a sua procura, acabou se perdendo.

Paulo pensou um pouco, segurou a mão de Ana e disse: "Vamos para a minha casa, meu pai vai saber o que fazer. A casa de meu pai é minha casa e você também será bem acolhida lá."

Quando chegaram na casa de Paulo, seu pai já estava no portão, preocupado com a demora do filho. O pai de Paulo acolheu Ana com muito carinho e disse para ela não se preocupar, pois faria de tudo para ajudá-la a encontrar seus pais. A seguir ele ligou para a polícia explicando o que havia acontecido e ouviu as recomendações do policial.

O pai de Paulo explicou tudo para Ana. Ela almoçou com toda a família e brincou muito. Ana ficou à vontade na casa de Paulo, pois foi recebida com muito amor e carinho. Cansada, adormeceu tranquila à espera de seus pais.

2 – Conversando com a história:
Ao voltar da escola, o que aconteceu a Paulo? Que convite Paulo fez à menina que ele encontrou? Como o pai de Paulo recebeu a menina? O que o pai de Paulo fez para tranquilizar a menina? Por que Ana se sentiu bem na casa de Paulo?

Assim como Ana se sentiu bem na casa de Paulo, nós também nos sentimos bem na casa de Deus, a Igreja. Porque somos todos filhos de Deus, e lá nos reunimos em comunidade, como uma grande família.

Será que Jesus também se reunia em comunidade?

PLANTANDO A SEMENTE

1. O catequista entroniza a Bíblia, passando na frente de cada catequizando para que coloquem a mão sobre ela e façam o sinal da cruz, enquanto cantam o refrão:

> Eu vim para escutar
> tua Palavra, tua Palavra,
> tua Palavra de amor

(ASSOCIAÇÃO DO SENHOR JESUS. **Louvemos o Senhor**. Campinas, 2003.)

2. Leitura: Lc 4,16 – "Jesus foi à cidade de Nazaré, onde se havia criado. Conforme o costume, no sábado, entrou na sinagoga e levantou-se para fazer a leitura."

3. Mensagem:

Verificar se as crianças entenderam o vocabulário "sinagoga", "conforme o costume".

Jesus reunia-se com sua comunidade todos os sábados, fazia leituras, enfim, participava. E hoje, nós nos reunimos a convite de Jesus? O que fazemos quando nos reunimos? Rezamos, escutamos a Palavra de Deus, cantamos...

Quando estamos reunidos em comunidade, e em nome de Jesus, somos chamados de Igreja. De tanto sermos chamados de Igreja, acabou-se chamando o lugar onde nos reunimos de igreja também. Nós nos reunimos na igreja, principalmente aos domingos, o Dia do Senhor. Deus gosta que seus filhos se reúnam em sua casa para rezar, cantar e ouvir sua Palavra. Não se pode perder esta oportunidade tão importante de reunir a família de Deus Pai.

Explicando melhor: todo mundo fala, "eu vou para a escola", mas ninguém fala "eu vou para o prédio, localizado à rua tal, onde funciona a escola... (nome da escola)". Nós chamamos o lugar de escola, mas escola é a reunião de alunos e professores.

4. Atividades: Realizá-las no livro do catequizando.

REGANDO A SEMENTE

- ✓ Construir uma maquete de igreja com caixinhas de fósforos. Em cada uma colocar o nome de um catequizando simbolizando: "somos Igreja".

Material (atividade 1):
- raspinhas de lápis;
- palitos de sorvete;
- pedacinhos de papel colorido;
- arroz;
- cola.

- ✓ Pedir que fiquem em volta da maquete, de mãos dadas, para rezarem por todas as pessoas que não conhecem Jesus, que não fazem parte do "grupo de Jesus", mas que um dia, se todos nós nos empenharmos, virão a conhecê-lo.

E A SEMENTE BROTA

- ✓ Dizer aos catequizandos que na igreja encontra-se o grupo de amigos de Jesus. Ser amigo de Jesus é querer-se bem, viver com alegria, partilhar o que temos.
- ✓ Convidá-los a fazer uma visita à casa de Jesus, a igreja, que é nossa casa também. Para isso, combine com a turminha de catequese, data e horário.
- ✓ Terminar o encontro rezando a oração do Santo Anjo.

Guardando de cor: "Onde dois ou três estiverem reunidos em meu nome, eu estou no meio deles."

Sugestão de canto para o encontro de catequese:

"Fico Feliz"

Fico feliz em vir em tua casa,
Erguer minha voz e cantar.
Fico feliz em vir em tua casa,
Erguer minhas mãos e adorar.
Bendito é o nome do Senhor (3x)
Prá sempre.

(ROSSI, Pe. Marcelo. **Canções para o novo milênio**. Rio de Janeiro: Mercury, 2000)

11 – NOS PASSOS DE JESUS

OBJETIVO:
Entender que seguir Jesus exige cumprir obrigações com alegria e estar disponível para colaborar com as outras pessoas.

ENTRANDO NO TERRENO

Cantar com alegria: o refrão do canto "***Quando Jesus passar***"
*Quando Jesus passar (3 x)
eu quero estar no meu lugar.*
(ASSOCIAÇÃO DO SENHOR JESUS, **Louvemos o Senhor.** Campinas: 2003)

PREPARANDO O TERRENO

1 – História: " A ponte amiga"

Era uma vez uma ponte amiga de todos as pessoas. Fazia o bem a todos. Pessoas boas e más passavam por ela sem precisar enfrentar as águas do rio. Um dia, porém, quando a ponte já estava bem velhinha, foi levada pelas águas. Na manhã seguinte, quando as pessoas quiseram atravessar o rio, não encontraram mais a ponte; procuraram alguma coisa que lhes dessem passagem, mas nada encontraram. O Sr. Edgar, que acompanhou tudo, pois morava na beira do rio, disse:

> **Sugestão:**
> Para contar a história, levar gravura de uma ponte, confeccionar, junto com os catequizandos, dobradura de barquinho.

– A ponte se foi, ela nunca negou favor a ninguém, estava sempre pronta a ajudar as pessoas a atravessar o rio. Eu quero seguir o exemplo da ponte e por isto me ofereço para, com meu barco, ajudar aos que quiserem atravessar o rio, hoje.

Outras pessoas, que também tinham barco, se ofereceram para ajudar os que precisassem atravessar o rio. E, assim, cada um ficou responsável pela travessia em um dia da semana. Naquele dia muitas pessoas aprenderam a lição da ponte: "estar pronto para ajudar a todos".

(Adaptação da história do livro **Ninguém cresce sozinho.** Arquidiocese de Maringá. Vozes, 1999. p. 69)

2 – Conversando com a história:

O que a ponte fazia? O que o Sr. Edgar aprendeu com ela? O que aconteceu com as pessoas naquele dia? A ponte estava sempre pronta para cumprir suas obrigações e ajudar os outros. E nós, será que estamos cumprindo nossas obrigações? Quais são as nossas obrigações?

Dois amigos de Jesus achavam que cumpriam muito bem suas obrigações e pediram para ter um lugar especial, bem pertinho Dele, ou seja, queriam ser os primeiros. Jesus deu uma resposta muito importante a este pedido.

Querem saber o que Jesus respondeu a eles?

PLANTANDO A SEMENTE

1. Para acolher a Palavra de Deus, cantar de mãos dadas: *"Fala Senhor que o teu servo escuta"*.

2. Leitura: Mc 10,43-44 "...quem de vocês quiser ser grande, deve tornar-se o servidor de vocês, e quem de vocês quiser ser o primeiro, deverá tornar-se o servo de todos."

3. Mensagem:
   Verificar se entenderam o sentido das palavras: "ser grande", "servo", "ser o primeiro". Deixar que comentem e o catequista completa: Jesus explicou para seus amigos a importância de servir aos outros, este deve ser o maior compromisso dos cristãos. Cumprindo nossas obrigações, também estamos ajudando as pessoas. Por exemplo, em casa, se você deixa suas coisas organizadas, estará ajudando sua mãe; na escola e com os amigos também acontece o mesmo. Jesus pede a cada um de nós o que pediu a seus amigos: servir às pessoas.

4. Atividades: Realizá-las no livro do catequizando.

REGANDO A SEMENTE

✓ O que Jesus quer de nós é que estejamos atentos para fazer o bem a todos em casa, na escola, na igreja, na vizinhança, para que haja mais alegria, mais união. Rezar pelos outros é uma boa maneira de lhes fazer o bem.

✓ Vamos rezar pelas pessoas a quem queremos bem. Deixar que as crianças falem o nome das pessoas pelas quais querem rezar. Por todas essas pessoas, vamos rezar o Pai-nosso, de mãos dadas.

E A SEMENTE BROTA

✓ Conversar com os catequizandos: o Sr. Edgar tinha um barco e se comprometeu a ajudar as pessoas a atravessarem o rio.

✓ Vamos pensar: o que podemos fazer pelas pessoas?

✓ O barquinho, que foi feito durante o encontro, poderá ser levado para casa, para ajudá-los a lembrar do compromisso que assumiram com Jesus.

Guardando de cor: "Quem de vocês quiser ser o primeiro, deverá tornar-se o servo de todos".

Sugestão de canto para o encontro:

Eu vou em Deus me alegrar! (Sl 66)

Refrão: É bom, é bom, é bom a gente ser irmão!
É bom, é bom, viver a paz, a união!
1. É como o perfume da vida, é como a bênção do orvalho!
É como o começo, na terra, do céu que esperamos no céu!
É bom, é bom! ...

(KOLLING, Ir. Miria T. **Vamos à casa do Senhor.** Cd. São Paulo: Paulus, 2001, faixa 10)

12 – JESUS ENSINA COMO SER AMIGO

OBJETIVO:
Compreender a importância de expressar, em gestos concretos, o respeito pelos outros para ser amigos de Jesus.

ENTRANDO NO TERRENO

Dinâmica:
Formar duas filas com a mesma quantidade de crianças (se for número ímpar, uma criança da fila menor participa duas vezes). Os primeiros de cada fila recebem um elástico e terão que passá-lo pelo corpo, da cabeça aos pés, em seguida entregarão o elástico para a criança de trás, que faz o mesmo e assim por diante. Vence a fila que terminar primeiro.

> **Material:**
> Providenciar dois grandes elásticos.

Nesta dinâmica, as crianças ficam torcendo para que seus colegas sejam rápidos, mas pode haver discussão por parte de alguns, pois, algumas crianças são mais "lentas" e acabam "atrapalhando" o grupo. O catequista deve aproveitar para trabalhar sobre o ritmo diferente de cada um e sobre o respeito de um pelo outro.

Convidá-los a ouvir a história de Carlos, um menino que não sabia respeitar seus coleguinhas.

PREPARANDO O TERRENO

1 – História: "Carlos, o amigo de todos"

Carlos morava em um prédio com muitos apartamentos. Era briguento e xingava todo mundo. As brincadeiras dele eram: riscar carro, andar de skate em lugares proibidos, estragar plantas, jogar água pela janela, apertar todos os números do elevador. Quando Carlos

> **Sugestão:**
> Apresentar gravuras ou desenhar os personagens principais da história.

agia assim, algumas crianças achavam graça e riam muito. Mas nem todas concordavam com o que Carlos fazia, pois o achavam mal educado.

Um dia, Carlos foi viajar e as crianças puderam finalmente se divertir tranquilamente no parquinho. E começaram a conversar sobre ele. "Será que um dia Carlos vai mudar?" Então Márcia teve uma ideia, e falou: "Quando Carlos fizer de novo estas brincadeiras de mau gosto, nós poderíamos não achar nenhuma graça. Assim ele aprenderia que estava agindo errado e mudaria de comportamento". Quando Carlos chegou de viagem fizeram

43

como haviam combinado. Dito e feito. Carlos passou a perceber que seu comportamento não agradava a todos e mudou.

Um dia as crianças chamaram Carlos para ir ao salão de festas e ele entrou desconfiado. O salão estava todo enfeitado com balões, bem no alto havia uma grande faixa escrita: "Carlos você é um menino muito especial, todos nós gostamos de você." Deram a ele de presente um certificado de síndico-mirim para que ele ajudasse a cuidar do prédio. Hoje, ninguém mais se lembra do antigo Carlos, todos gostam muito dele e ele é amigo de todos.

2 – Conversando com a história:

Como agia Carlos? O que seus colegas achavam do comportamento dele? Enquanto Carlos viajava, o que as crianças combinaram? O que aconteceu depois que Carlos mudou de comportamento? Refletir com os catequizandos sobre como eles se comportam junto com seus colegas.

Afirmar que as novas atitudes de Carlos fizeram com que ele ganhasse novos amigos, tornando-se mais querido por todos e, assim, também um líder respeitado.

PLANTANDO A SEMENTE

1. Fazer uma procissão levando a Bíblia, velas, a imagem de Jesus e a gravura de uma criança, para que os catequizandos observem. Após, escutar a Palavra de Deus.

2. Leitura: Jo 15,14 – "Vocês são meus amigos se fizerem o que eu estou mandando."

3. Mensagem:

    Jesus quer muito ser nosso amigo. Para isso precisamos fazer o que Ele nos pede: respeitar e amar todas as pessoas. Devemos: não colocar apelidos, não xingar, não brigar, ouvir o que o outro tem a nos dizer, colaborar com todos, ser gentil... Assim devem ser nossas atitudes diante dos colegas da escola, da catequese, dos nossos pais, dos nossos irmãos e demais parentes.

    Jesus quer ser nosso amigo, será que estamos sendo amigos de Jesus? O que precisamos fazer para sermos mais amigos de Jesus?

    Material:
    - revistas, jornais para recorte;
    - tesouras sem ponta;
    - cola.

4. Atividades: Realizá-las no livro do catequizando.

REGANDO A SEMENTE

- ✓ Preparar uma cruz de papelão e estrelas de papel colorido de aproximadamente 5 cm, uma para cada catequizando.
- ✓ Pedir aos catequizandos para que, em silêncio, pensem em uma atitude que possa fazer para ser amigo de Jesus. A seguir, escrevê-la na estrelinha.
- ✓ Depois, cada catequizando, espontaneamente, vai até a cruz e lê a atitude de compromisso que quer assumir com Jesus.
- ✓ O catequista poderá concluir, pedindo a Jesus para dar forças a cada um, a fim de cumprirem esses compromissos e atender seu mandamento, que diz: "amem-se uns aos outros, assim como eu amei vocês".

E A SEMENTE BROTA

Os catequizandos deverão levar a estrela para casa para lembrá-los do compromisso que assumiram com Jesus. O catequista poderá combinar com eles onde deverão colocar a estrela.

Guardando de cor: "Vocês serão meus amigos, se fizerem o que eu estou pedindo".

Sugestão de canto para o encontro de catequese:

"Rap das palavras mágicas"

Vamos usar as palavras mágicas
Mágicas, mágicas, mágicas.

Bom dia!
Com licença!
Desculpe!
Obrigado!
Obrigado, pelo gesto de amor!

Estas palavras mágicas
São chaves do coração
Pois elas fazem parte
Da nossa educação.

(SANTANA, Celina. **Palavras mágicas**. São Paulo: Comep, 2000)

13 – CONVERSANDO COM JESUS

OBJETIVO:
Compreender que a oração é uma forma de conversar com Deus, como Jesus fazia.

ENTRANDO NO TERRENO

Dinâmica: "Hora de Jesus"

As crianças deverão imitar os gestos que fizeram no dia anterior ou no mesmo dia (como combinarem), conforme o catequista pedir: hora do café da manhã, do banho, de acordar, de deitar, do almoço, de estudar etc. E, em alguns momentos, o catequista fala: "HORA DE REZAR", e todos devem parar e unir as mãos como que em oração. A dinâmica vai ficando interessante, se o catequista mudar rapidamente os pedidos.

Ao final da dinâmica, conversar com as crianças sobre o que fazem no seu dia a dia, e em que momentos rezam. Convidá-los a ouvirem uma história, que nos diz por que devemos rezar.

PREPARANDO O TERRENO

1 – História: "Vamos rezar"

Num sábado à noite Bruna estava indo deitar-se, então, sua mãe lembrou-se de rezar ao seu amigo Jesus. Bruna tinha brincado e passeado muito, estava muito cansado. Pergunta à sua mãe:

– Mas mãe, preciso mesmo rezar?

A mãe de Bruna aproveitou a oportunidade para explicar um pouco mais sobre a importância de rezar.

– Claro que sim, Bruna. Você arrumou tempo para tantas coisas hoje: brincou, tomou sorvete, assistiu TV. Precisa dar um tempinho para Jesus também, ele está esperando sua oração. Rezar é como ficar pertinho de Jesus e lhe dar um beijo e um abraço.

– Tudo bem, mãe, e como vamos rezar hoje?

– Você escolhe, Bruna. Pode ser em silêncio, pode ser uma conversa com Jesus. Ou pode ser uma das orações que você sabe de cor: Pai-nosso, Ave-Maria ou Santo Anjo. Tudo isto é rezar, e Jesus vai escutar de todas estas maneiras.

Bruna, muito alegre, falou:

– Mamãe, que legal! Se conversar com Jesus é rezar, hoje eu já fiz muitas orações, pois conversei muito com Ele. Quero agora rezar o Pai-nosso com você!

2 – Conversando com a história:

Na história, a mãe de Bruna explicou por que devemos rezar. O que vocês entenderam? Em que momento podemos rezar? Como podemos rezar? Você já conversou sobre este assunto com sua mãe? O que vocês falaram? Você reza com seus pais? Quando você reza? Como você reza? Bruna descobriu que conversar com Jesus é uma forma de oração, você concorda com ela? Jesus está sempre conosco e, quando rezamos, ficamos ainda mais perto dele, como se tivéssemos dando-Lhe um abraço ou um beijo.

Será que Jesus também rezava?

PLANTANDO A SEMENTE

1. Acolher a Palavra de Deus com o canto: "Ponho-me a ouvir"

   Ponho-me a ouvir o que o Senhor dirá,
   Ele vai falar, vai falar de paz.
   Aleluia, Aleluia, Aleluia, Aleluia.(bis)
   (ARQUIDIOCESE DE CURITIBA. **Animar, orar e celebrar**: Cantos para encontros, oração e formação. Departamento de Catequese. Curitiba: Copygraf, 2001)

2. Leitura: Mc 6,46 – "Logo depois de se despedir da multidão, subiu ao monte para rezar."

3. Mensagem:

   Explicar que muitas pessoas vinham conhecer e seguir Jesus. Nesta passagem, Jesus despede-se destas pessoas e vai rezar. Jesus rezava muito. Ele gostava de recolher-se, ficar sozinho, e fazer suas orações.

   Orar é:
   - Estar com Deus;
   - Ouvir o que ele diz;
   - Dizer que você o quer bem;
   - Agradecer o que ele fez por você;
   - Pedir o que você precisa;
   - Pedir perdão.

   Muitas vezes, nossas orações são acompanhadas de gestos, que nos ajudam a nos comunicar com Jesus. Por exemplo:
   - Erguemos os braços;
   - Ficamos de pé;
   - Ajoelhamos;
   - Sentamos.

Todos estes gestos são atitudes de respeito, adoração, humildade, escuta, atenção a Deus Pai.

4. Atividades: Realizá-las no livro do catequizando.

Material (atividade2):
- pedacinhos de papel de cor laranja;
- cola.

REGANDO A SEMENTE

✓ Dizer aos catequizandos que os amigos mais chegados de Jesus, os discípulos, admiravam o jeito de Jesus rezar. Um dia, pediram para que Ele os ensinasse a rezar. Jesus atendeu este pedido e ensinou uma oração muito especial. Perguntar aos catequizandos se sabem de cor que oração é esta (Pai-nosso).

✓ Convidá-los a rezarem, fazendo os gestos:

Pai-nosso

Pai nosso que estais no céu, *(de mãos erguidas)*
Santificado seja vosso nome *(mãos postas)*
Venha a nós o vosso reino *(mão esquerda no peito)*
Seja feita a vossa vontade, assim na terra *(com a mão direita, mostra o chão)*
Como no céu *(levantar os braços).*

O pão nosso de cada dia nos dai hoje *(gesto de pedir: mãos em forma de concha)*
Perdoai-nos as nossas ofensas, assim como nós perdoamos a
quem nos tem ofendido *(mãos dadas em sinal de perdão)*
E não nos deixeis cair em tentação, mas livrai-nos do mal. *(braços abertos erguidos para o alto).*
Amém *(todos se abraçam).*

E A SEMENTE BROTA

✓ Motivar as crianças para que rezem com os pais durante a semana.

Guardando de cor: "Jesus me ensina a rezar".

Sugestões de cantos para o encontro de catequese:

1 – "Rezar com Jesus"
Falar com Jesus é uma oração.
Falar com Jesus é uma oração.
Ele também nos ensinou o Pai-nosso
Vamos então rezar, vamos então rezar.
Vamos então rezar, junto com Jesus.
(Paródia da canção "O telefone de Deus")

2 – "Oração da Noite"
1.Com Deus eu me deito para descansar.
A mamãe, o meu sono vem velar.
Ao me levantar, terei um companheiro:
O Espírito estará comigo o dia inteiro
2.Boa-noite, Jesus, Virgem Maria,
Papai e mamãe,
Boa-noite! Boa-noite!
Boa-noite! Boa-noite!

(PEQUENAS CANTORAS DE CURITIBA. **Cantando na escola.** Cd. Reg. Irmã Custódia Maria Cardoso. São Paulo: Sonopress, 2000)

14 – VAMOS À FESTA

OBJETIVO:
Compreender que Jesus está presente na comunidade que festeja e celebra com alegria e entusiasmo.

ENTRANDO NO TERRENO

Dinâmica:

Sentar com os catequizandos no chão. Combinar com eles a organização de uma festa para Jesus.

A seguir, entregar massa de modelar e pedir para que preparem os enfeites e comidas para uma festa bem bonita.

Enfeitar a sala com o que fizeram e colocar todos os doces e salgados em uma bandeja ou pratinho.

Convidá-los a ouvirem a história de uma grande festa, tão bem-preparada como a que acabaram de fazer!

Material:
– Massa de modelar.
Receita da massa de modelar:
1 pacote de gelatina da cor desejada;
1 kg de farinha de trigo;
Gotas de corante (opcional).
Modo de fazer: dissolva a gelatina, conforme instrução da embalagem (água quente e fria). Vá misturando a farinha aos poucos, até ficar homogênea. Conservar em geladeira por 2 horas ou mais.

PREPARANDO O TERRENO

1 – História: "A festa do coelho Joca"

Em uma região do interior da floresta amazônica, tudo estava em harmonia. Todos os animais eram amigos, conversavam e brincavam muito. Joca, um coelho muito dengoso, gostava muito de festas. Para ele, tudo era motivo de alegria. E resolveu fazer uma grande festa. Mas não havia motivo para festejar, então pensou: vou falar para cada um de meus amigos trazer um prato de doce ou salgado e falar que é uma festa surpresa, tão surpresa que não posso nem falar para quem é. E Joca saiu pela floresta convidando os animais, chamou a girafa Lili, chamou a arara Lola, chamou a coelha Corina e assim por diante. Até o final do dia havia convidado todos os animais que ele conhecia.

O grande dia chegou. Joca preparou uma clareira na floresta, enfeitou-a com balões coloridos, arrumou as mesas, a música e todas as coisas para uma festa bem bonita. Pouco a pouco, foram chegando todos os animais, curiosos por saberem o motivo da festa surpresa. Joca, então, falou-lhes:

– *"Esta festa é para todos nós, vamos festejar a vida e a nossa amizade".*

Todos os animais ficaram muito felizes com a festa. Brincaram, comeram e festejaram até à noite.

2 – Conversando com a história:

Quem era Joca? Do que ele gostava? Como Joca convidou seus amigos para a festa? Por que Joca achava que deviam festejar? O que os outros animais acharam da festa que Joca organizou? Vocês gostam de festa? Que tipo de festa? Vocês ficam alegres nas festas? A festa é organizada para comemorar algum acontecimento especial. Que festas você comemora em casa? Comemoramos aniversários, casamentos, batismo, Natal, Páscoa... Nossa comunidade também tem muitas festas, vocês conhecem alguma?

Será que Jesus queria que a gente participasse com alegria das festas? Vamos descobrir a vontade de Jesus?

PLANTANDO A SEMENTE

1. Acolher a Palavra de Deus com o canto:

> *Refrão* – *Alê, alê, alê, aleluia! (bis)*
> *Alê, alê, alê, aleluia! (bis)*
> *A tua palavra, Senhor, quero ouvir.*
> Pra bem entender o que o Pai quer de mim.

(KOLLING, Ir. Miria T. **Vamos à casa do Senhor**. São Paulo: Paulus, 2001, faixa 13)

2. Leitura: Lc 24,41 - "E como eles ainda não estivessem acreditando, por causa da alegria e porque estavam espantados, Jesus disse: 'Vocês têm aqui alguma coisa para comer?'"

3. Mensagem:

Jesus também participava com alegria das festas de sua comunidade: a festa da Páscoa, a festa de casamento em Caná... É muito importante festejarmos com nossa comunidade, principalmente as festas organizadas na paróquia (deixar que falem), e na escola (deixar que falem). Festejamos o dia dos pais, das mães, das crianças. Festejamos também 7 de Setembro, o aniversário da cidade... Nestas festas há desfiles, cantos, discursos.

Nós nos reunimos em comunidade com muita alegria.

Existe também uma festa, que comemoramos toda semana, sabem qual é? A missa. Tem gente que diz que gosta de festa, mas perde esta tão especial, pois não vai à Missa todos os domingos. Devemos nos alegrar e comemorar com alegria as festas de nossa comunidade e, em especial, a Missa. Explicar que a missa é a memória da vida, morte e ressurreição de Jesus. Na missa nos unimos a Jesus, que se entrega ao Pai por nosso amor.

4. Atividades: Realizá-las no livro do catequizando.

REGANDO A PALAVRA

✓ Jesus gosta de ver as pessoas reunidas para festejar em comunidade.
✓ Quando convidados, devemos participar com alegria e entusiasmo.
✓ Agradecer a Jesus pelas festas de nossas comunidades, cantando um parabéns a Jesus.

E A SEMENTE BROTA

Vamos seguir o exemplo de Jesus e participar da grande festa de nossa comunidade: a Missa. Chame o papai, a mamãe, e os irmãozinhos para irem juntos.

Guardando de cor: "Na missa vou me encontrar com meu amigo Jesus".

Sugestão de canto para o encontro:

"Obrigado, Senhor!"
Obrigado, Senhor, pela vida em mim,
E a vida no irmão!
Pelos dons que nos dais,
a alegria e a paz,
pelo amor que nos faz
Entoar o refrão!

Refrão:
Obrigado, Senhor!
Canto hoje, feliz!
Minha voz, minhas mãos,
se elevam ao céu, cheias de gratidão!
Obrigado, Senhor,
Tudo em mim Te bendiz.
Toma o meu coração,
O que tenho é Teu, feito prece canção!

(KOLLING, Ir. Miria T. **Canções infantis**. Cd. Vol II. São Paulo: Paulus, 1999, faixa 20)

15 – ALÔ, ALÔ, JESUS! SOU EU

OBJETIVOS:
1. Entender que Deus enviou seu filho Jesus para comunicar que nos ama muito;
2. Valorizar a comunicação que une os homens entre si.

ENTRANDO NO TERRENO

Dinâmica: "Telefone"

1) Orientar para entragar o material para as crianças enfeitarem os copos, em duplas.

2) Usar o "telefone" feito de copo plástico ou lata para conversar com o colega.

Materiais:
- copo plático ou lata com furos
- barbante
- materiais para enfeitar: papel crepom, cola, canetinhas hidrocolor.

3) conversar sobre as facilidades e dificuldades de ouvir nossos amigos, de entender com clareza a mensagem que queriam nos transmitir.

4) Destacar a importância de ouvir nossos amigos, pais, os barulhos da natureza: canto dos pássaros, os barulhos na cidade: carros, aviões, sirenes, carros de som, música.

5) Questionar se todas as pessoas ouvem esses barulhos, ruídos, sons... e se elas conhecem alguém que não pode ouvir.

6) Motivar para ouvirem a história de Jeferson.

PREPARANDO O TERRENO

1 – História: "O menino surdo"

Sugestão:
Pedir para taparem os ouvidos por alguns instantes, para sentirem como é ficar sem som. Deixar que falem livremente.

As aulas haviam acabado de começar. Havia uma professora muito especial na primeira série, seu nome era Bia. Era muito dedicada e gostava que todos fossem amigos e que chegassem ao final do ano sabendo ler e escrever. Os primeiros meses de aula foram passando e um dos alunos, Jeferson, não era como os outros. Ele não gostava de conversar e brincar com seus amigos. E, por mais que Bia explicasse, ele não conseguia aprender. Os amigos e a professora tentavam conversar com ele, mas nada, ele mal respondia; às vezes, até gritava. E, cada vez mais, Jeferson ia ficando triste e isolado em um cantinho da sala.

A professora, inconformada, pediu ajuda à diretora. Foi marcada uma reunião com a professora, a diretora e os pais de Jeferson. Todos queriam ajudá-lo. Estavam preocupados porque ele parecia não querer escutar ou falar com ninguém. Foi, então, que a diretora sugeriu aos pais que o levassem a um médico, para descobrir o que estava acontecendo com ele.

Através de exames descobriu-se que Jeferson estava com um problema muito sério e que precisaria colocar um aparelho para escutar melhor, pois estava quase surdo. Depois que Jeferson colocou o aparelho e passou a escutar bem, tornou-se outro menino: gostava de falar e brincar com todos, prestava muita atenção nas explicações da professora e tornou-se um dos melhores alunos da classe.

2 – Conversando com a história:

Quem era Jeferson? Como ele era na sala de aula? O que fez a professora para ajudá-lo? O que aconteceu com Jeferson depois que ele colocou o aparelho de surdez? A partir do momento que Jeferson passou a escutar, começou a se comunicar melhor com os amigos, com a professora e com a sua família. A comunicação entre as pessoas nos aproxima e nos faz amigos uns dos outros.

Será que Jesus se comunica conosco?

PLANTANDO A SEMENTE

1. Vamos descobrir o jeito de Jesus se comunicar?
2. Acolher a Palavra com o canto:

Ponho-me a ouvir.
Aleluia, aleluia, aleluia (bis)
Ponho-me a ouvir o que o Senhor dirá.
Ele vai falar, vai falar de paz.
Pela minha voz e pelas minhas mãos,
Jesus Cristo vai, vai falar de paz.
(ARQUIDIOCESE DE CURITIBA. **Cantar, Orar e Celebrar** – Cantos para encontro, oração e formação. Curitiba: Copygraf, 2001)

3. Leitura: Mc 4,34 – "Para a multidão Jesus só falava com parábolas, mas, quando estava sozinho com os discípulos, ele explicava tudo."

4. Mensagem:

> Verificar se compreenderam o vocabulário: parábolas, discípulos.

Jesus procurou, durante toda a sua vida, falar a nossa linguagem. Um exemplo disso são as parábolas. Este era o meio encontrado para ensinar o povo de um jeito simples que Deus é amor e podemos encontrá-lo na natureza, nos acontecimentos e nas pessoas.

Refletir com os catequizandos: Jesus se comunica conosco, e eu o estou escutando? Também me comunico com Ele? Jesus se comunicava em especial com as pessoas que estavam próximas a Ele. E eu? Estou me comunicando com as pessoas: colegas, família, professores, outras pessoas com as quais convivo no meu dia a dia?

4. Atividades: Realizá-las no livro do catequizando.

REGANDO A SEMENTE

Material:
- barbante;
- cola;
- tesoura sem ponta.

✓ Colocar uma música instrumental e pedir aos catequizandos que fiquem de olhos fechados. Relembrar a história de Jeferson, que ficou surdo e mudo devido a uma doença. Nós também ficamos surdos e mudos quando nos fechamos e não escutamos a voz de Jesus. Jesus sempre se comunica conosco e quer que nos comuniquemos com todas as pessoas que estão próximas (pais, irmãos, amigos, professora, catequista etc.).

✓ Pedir para que abram os olhos e, em pé, façam esta oração com Jesus. O catequista fala e pede para repetirem cada frase da oração:

Jesus, obrigado por suas palavras.
Ajude-me a escutar com amor o que você me diz:
na catequese, nas missas, nas orações.
Quero escutá-lo em todos os momentos de minha vida. Amém!

E A SEMENTE BROTA

Sugerir que, durante a semana, procurem conversar mais com os colegas, irmãos, pais... Propor que, se estiverem "brigados" com alguém, procurem esta pessoa e com muito amor esclareçam o mal-entendido, para reatar a amizade, pois, é isto que Jesus quer e ele ficará muito contente.

Guardando de cor: "Quero me comunicar como Jesus."

Sugestão de canto para o encontro de catequese: *"Mexe e Remexe"*

Mexe e remexe e remexe
Mexe e remexe e remexe
Sempre brincando e aprendendo.
Este é o mundo do som – Trá lá, lá, lá. Trê, lê, lê, lê.
Entra na onda do aprender – Trá lá, lá, lá. Trê, lê, lê, lê.
Brincando apenas com prazer.
(SANTANA, Celina. **Palavras mágicas**. São Paulo: Comep, 2000)

16 – CUIDAR COM AMOR E CARINHO DOS DOENTES

OBJETIVO:
Despertar o sentimento de solidariedade para com os doentes, a exemplo de Jesus.

ENTRANDO NO TERRENO

Dinâmica: "Bombom"

Dividir a turma em duas equipes. A primeira equipe vai se aproximar de uma mesa onde haverá um bombom para cada um. Ao sinal deverão, apenas com a boca, tentar abrir os bombons, sendo que as mãos devem ficar para trás. A segunda equipe será instruída para que cada um fique responsável por um membro da outra equipe, devendo observar se eles não estão utilizando as mãos. Se ninguém conseguir abrir o bombom, pode-se encerrar a dinâmica mesmo assim, pois o importante é a reflexão que deve ser feita: "Alguém da primeira equipe pediu ajuda para seu par da segunda? Alguém da segunda equipe ofereceu-se para ajudar o par da primeira a abrir o bombom? A dinâmica não falava que o par da outra equipe não poderia ajudar, ele poderia abrir o bombom para seu amigo."

Concluir que devemos ajudar uns aos outros, principalmente aqueles que não estão bem de saúde. Contar a história do "Biquinho".

(Adaptado de: BITTENCOURT, J.E.; SOUZA, S.J. **Como fazer dinâmicas.** 15. ed. São Paulo: Ave-Maria, 2004)

PREPARANDO O TERRENO

1 – História: "Biquinho, o canarinho amarelo"

Mariana e João eram dois irmãos que moravam em uma casa com um quintal muito grande. Todos os dias, os dois irmãos eram acordados com o canto de um canarinho amarelo, muito bonito e que vinha ao quintal, onde havia muitas árvores. A ele deram o nome de Biquinho.

Certo dia, Biquinho não apareceu. João e Mariana ficaram muito preocupados e foram, meio tristes, brincar no quintal. João encontrou Biquinho deitado. Mariana pegou Biquinho nas mãos e observou que ele estava com uma das asas ferida e por isso não conseguia voar. João, orientado por sua mãe, preparou uma caixinha para acomodar Biquinho, com água e alpiste e Mariana fez uma tala para sua asa. Naquele mesmo dia começou uma chuva forte, que durou quase uma semana inteira. Enquanto isto, João e Mariana se revezavam nos cuidados com Biquinho e logo puderam tirar a tala de sua asa.

Finalmente, veio um dia de sol. Mariana e João, surpresos, acordaram ouvindo um canto conhecido. Era Biquinho que havia se recuperado e novamente estava voando e cantando na janela dos dois, trazendo novamente alegria e esperança a todos.

2 – Conversando com a história:

Quem acordava Mariana e João todas as manhãs? Por que Biquinho não apareceu numa das manhãs? O que os irmãos fizeram com Biquinho? Recuperado, o que fez Biquinho? Assim como Mariana e João cuidaram do Biquinho com carinho, nós também devemos tratar bem nossos doentes.

Você conhece alguém que está doente? Você o visitou? E você já ficou doente? Quem cuidou de você?

PLANTANDO A SEMENTE

Jesus foi passear na casa de seu amigo Simão Pedro. Querem saber o que Jesus fez?

1. Acolher a Palavra de Deus com um refrão de aclamação que os catequizandos conheçam.

2. Leitura: Mc 1,30-31 – "A sogra de Simão estava de cama, com febre e logo eles contaram isto a Jesus. Jesus foi aonde ela estava, segurou sua mão e ajudou-a a se levantar. Então a febre deixou a mulher..."

3. Mensagem:

   O que Jesus fez ao entrar no quarto da sogra de Pedro? E o que aconteceu a ela? Jesus não quer ver o sofrimento das pessoas, por isso, enchia o coração de amor e as curava. Jesus tem um carinho especial pelas pessoas doentes. Por isso, se ficamos doentes, devemos nos lembrar que Jesus está cuidando de nós. Mas, como Jesus não pode vir pessoalmente cuidar de cada doente, ele conta com pessoas que o ajudam. Às vezes é nossa mãe, às vezes a avó ou outra pessoa da família. Porém, quando a doença é mais grave, devemos ir ao médico ou ao hospital. Lá encontraremos alguém que quer nos ajudar, como Jesus.

4. Atividades: Realizá-las no livro do catequizando.

REGANDO A SEMENTE

✓ Levar uma boneca (ou várias) com machucados para que os catequizandos façam curativos.

- ✓ Conversar com os catequizandos sobre o que sentiram quando faziam o curativo.
- ✓ Pedir que falem o nome de uma pessoa que eles conhecem e que está doente. Convidá-los a fazer uma oração espontânea por todos eles.

Material:
- Boneca(s), esparadrapo e algodão;
- tesouras sem ponta.

E A SEMENTE BROTA

- ✓ Dizer aos catequizandos: Jesus nos ensina que devemos fazer um gesto de carinho para com os doentes, visitando-os, enviando bolachinhas, frutas ou qualquer outro agrado. Pode ser até um carinhoso bilhete.
- ✓ Que tal combinar com a turma e realizar este gesto?

Guardando de cor: "Jesus cuida com amor e carinho dos doentes"

Sugestões de canto para o encontro de Catequese:

Música: Tudo pela saúde

Quero cuidar do meu corpo,
Ter muita saúde, viver numa boa.
Pois é, só quem tem saúde,
Que vive sorrindo à toa.
Sa, Sa, sa é bom ter:
Saúde pra ser feliz!

(SANTANA, Celina. **Palavras mágicas.** São Paulo: Sonoprees. 2000)

17 – JESUS NOS ENSINA A AMAR

OBJETIVOS:
1. Compreender que ajudar os mais necessitados nos aproxima de Jesus;
2. Promover um gesto concreto de solidariedade e fraternidade.

ENTRANDO NO TERRENO

Dinâmica: "Estou com sede"

Dividir os catequizandos dois a dois. Um deles "estará com sede" e o outro "vai dar água ao amigo". Para isto, o catequista vai colocar copos, com a mesma quantidade de água e colheres do mesmo tamanho. A um sinal, o catequizando que vai dar água ao amigo o faz com a colher, direto em sua boca. A equipe que terminar primeiro, sem ter derramado nem um pouco de água, é a vencedora. Pode-se conversar sobre como cada um da equipe se sentiu durante a dinâmica.

Material: Copos, jarra com água e colher.

Pedir que fiquem em silêncio para ouvirem a história de um menino que precisava de ajuda.

PREPARANDO O TERRENO

1 – História: "Zinho, um menino de rua"

Zinho era um menino de rua, não ia à escola, não tinha família e nem parentes com quem morar. A única coisa que tinha era a liberdade de andar pelas ruas da cidade. Ele gostava de ficar sentado, olhando as pessoas: vendedores de rua, homens de pasta na mão, mulheres cheias de pacotes, crianças de uniforme.... As ruas da cidade eram a Casa de Zinho, o banho era na fonte da Catedral, o quarto era ao lado do estádio, a sala eram os bancos da praça. Cozinha não tinha, e por isso muitas vezes passava fome, comia o que achava no lixo ou o que ganhava das pessoas. Também não tinha guarda-roupa, tinha apenas a roupa que estava no seu corpo e, por isso, passava frio e calor.

Certa manhã, começou a chover muito forte. Por mais que Zinho tentasse se proteger, não teve jeito, molhou-se todinho. E a chuva não parava de cair. Além do frio, ele estava também com fome, pois no dia anterior só tinha comido uma fatia de pão velho pela manhã. A chuva foi passando e, de repente, chegou uma senhora. Era dona Cláudia. Ela entregou uma sacolinha para Zinho. Ele a abriu e encontrou roupas e sapatos, uma marmitex cheirosa e uma latinha de refrigerante. Zinho ficou tão feliz que começou a chorar.

A partir daquele dia, Zinho se encontrava todos os dias com dona Cláudia e já não passava mais fome, sede ou frio. Eles se tornaram amigos e ela foi explicando que havia um lugar onde as crianças sem família podem morar, lá ele teria uma casa, roupas, e poderia ir à escola.

Então, dona Cláudia e Zinho combinaram visitar este lugar.

2 – Conversando com a história:

Quem era Zinho? O que ele gostava de fazer? Que dificuldades Zinho passava? Você conhece algum menino ou menina de rua? O que fez dona Cláudia? O que vocês acham no gesto de dona Cláudia? Dona Cláudia ajudou Zinho com comida e roupas, e tornaram-se amigos. Ela não queria vê-lo morando nas ruas, queria que ele estudasse e encontrasse um bom lugar para morar. Você ou alguém de sua família já ajudou uma pessoa que passava fome, frio ou que morava na rua?

Vamos escutar o que Jesus falava sobre ajudar as pessoas necessitadas?

PLANTANDO A SEMENTE

1. Acolher a Palavra de Deus com um refrão de aclamação à Bíblia, conhecido dos catequizandos.

2. Leitura: Mt 25,35-36 – "Pois eu estava com fome, e vocês me deram de comer; eu estava com sede, e me deram de beber; eu era estrangeiro, e me receberam em sua casa; eu estava sem roupa e me vestiram; eu estava doente, e cuidaram de mim; eu estava na prisão e vocês foram me visitar."

3. Mensagem:

Jesus ama tanto as pessoas que sente, em seu coração, o sofrimento de cada uma pelas necessidades que estão passando (fome, frio, sede, falta de uma casa, dor...) Ele nos diz que, quando ajudamos uma pessoa necessitada (comida, roupa, visita), é como se estivéssemos fazendo um gesto de amor para ele. Nós precisamos amar as pessoas, como Jesus, e ajudá-las quando estiverem precisando.

4. Atividades: Realizá-las no livro do catequizando.

Catequista, acompanhe e ajude seus catequizandos na realização da atividade 1.

REGANDO A SEMENTE

✓ Motivar os catequizandos a rezarem (o catequista fala e os catequizandos repetem):

Jesus nos ajude a:
- Dar comida a quem tem fome;
- Dar de beber a quem tem sede;
- Dar roupa a quem não tem;
- Visitar os doentes;
- A amar essas pessoas como Jesus as amou.
- Amém.

✓ A seguir, convidar os catequizandos a cantarem:

"Meu sorriso não é só meu"
Meu *sorriso* não é só meu,
Foi Deus quem meu deu:
Este sorriso que não é só meu. *(bis)*
O que eu tenho de bom é pra dar a meus irmãos.*(bis)*
(PE. ZEZINHO. **Deus é bonito**. Cd. São Paulo: COMEP, 1981, faixa 21)
Pode-se cantar colocando no lugar de sorriso: alimento, dinheiro etc.

E A SEMENTE BROTA

Verificar se os catequizandos conhecem alguém que precisa de alimento, roupa... e combinar com a turminha de ajudá-lo, ou organizar uma campanha para arrecadar roupas ou alimentos para contribuir com a Pastoral encarregada da distribuição de cestas em sua paróquia.

Guardando de cor: "Deus ama a quem dá com alegria"(2Cor 9,7).

Sugestão de canto para o encontro de Catequese:

"**Tempo de criança**"
Sou criança, gosto de brincar,
gosto de viver alegre a cantar.
Mas, como tudo tem seu tempo,
Eu também gosto, também gosto de estudar.
Mas, para viver feliz,
Preciso sempre de alguém
Que me trate com amor.
E me dê carinho também!
(SANTANA, Celina. **Palavras mágicas**. São Paulo: Comep, 2000, faixa 9)

18 – QUEM AMA PARTILHA

OBJETIVO:
Aprender, com o exemplo de Jesus, que devemos estar sempre prontos a partilhar o que temos com aqueles que nada têm.

ENTRANDO NO TERRENO

Dinâmica: Levar balas, em número maior que o dos catequizandos da turma, e distribuí-las pedindo para que as dividam entre si. Observar como partilham, mas sem se envolver. Trabalhar com eles: como foi esta partilha, se souberam dividir entre todos, se todos ficaram com balas, se sobraram etc. Reforçar a importância de saber partilhar. Dizer aos catequizandos que Jesus se preocupava muito com as pessoas que passavam fome. Um dia, um menino ofereceu cinco pães e dois peixes a Jesus para que Ele alimentasse uma multidão. Motivar para escutarem a história.

PREPARANDO O TERRENO

1 – História: "O milagre da multiplicação dos pães e dos peixes"

Jesus e seus amigos, os discípulos, haviam ficado muito tempo ensinando as pessoas e estavam cansados e com fome. Então, entraram em um barco para procurar um lugar tranquilo, onde pudessem descansar e comer.

Mas as pessoas queriam ficar perto de Jesus e foram seguindo o barco pelas margens do lago. Quando Jesus desceu do barco, já havia uma multidão de pessoas esperando por Ele. Jesus continuou a ensinar. Começava a ficar tarde e os discípulos pediram que Jesus mandasse as pessoas embora, para que eles pudessem comprar comida. Porém, Jesus disse aos seus discípulos:

– *Vocês é que têm de lhes dar de comer.*

O discípulo André respondeu a Jesus que a única coisa que tinham eram cinco pães e dois peixes, que um menino lhes havia levado. Jesus, então, falou:

– *Traga para cá estes pães e peixes e mande toda esta multidão se sentar.*

A multidão era de mais ou menos 5 mil homens, sem contar as mulheres e as crianças. (cf. Jo 6,1-15).

Vamos escutar como Jesus realizou o milagre da partilha?

PLANTANDO A SEMENTE

1. Acolher a Palavra de Deus com o canto:

   Aleluia, viva! Aleluia, viva!
   Aleluias, vivas a Jesus! (bis).
   (KOLLING, Ir. Miria T. **Vamos à casa do Senhor.** Cd. Vol. I. São Paulo: Paulus, 2001, faixa 5)

2. Leitura: Jo 6,11 – "Jesus pegou os pães, agradeceu a Deus e distribuiu aos que estavam sentados. Fez a mesma coisa com os peixes."

3. Mensagem:

   Vocês já conheciam esta história? Por que a multidão queria ficar perto de Jesus? O que Jesus disse aos discípulos? Quantos pães e peixes eles tinham para distribuir à multidão? Este é um dos milagres de Jesus, conhecido como multiplicação dos pães. O que Jesus queria nos ensinar com este milagre é que devemos partilhar o que temos. Se o menino não tivesse oferecido os pães e os peixes que tinha, Jesus não poderia tê-los multiplicado. Quando partilhamos as coisas, todas as pessoas recebem e ninguém passa necessidade. Você já partilhou alguma coisa?

4. Atividades: Realizá-las no livro do catequizando.

REGANDO A SEMENTE

✓ Através da oração, pedir a Jesus que nos ensine a partilhar.

   Jesus, eu te peço:
   ensina-me a partilhar.
   Quero, como aquele menino,
   dar aquilo que tenho
   para que possas abençoar,
   e assim, partilhar com quem precisa.
   Amém!

Providenciar: cola e tesoura sem ponta.

E A SEMENTE BROTA

Pensar em algo concreto que os catequizandos poderiam partilhar durante a semana, acolher a sugestão de cada um.

Guardando de cor: "Quero aprender a partilhar como Jesus."

Sugestão de canto para o encontro de catequese:

"**Tudo eu dou**"

*Com só dois peixinhos e um pouco de pão,
Jesus alimentou a uma multidão.
Pois um garotinho, com muita alegria,
Deu a Jesus o que ele possuía.*

*Tudo eu dou, tudo eu dou.
Tudo o que tenho, dou ao Senhor.*

(Luz e Canto. **Grandes Aventuras.** 2ª parte. São Paulo: Aurora Produções, 1996)

19 – "VINDE A MIM AS CRIANCINHAS"

OBJETIVO:
1. Descobrir que Jesus ama todas as crianças;
2. Compreender que Jesus deseja que todos tenham o coração puro como as crianças.

ENTRANDO NO TERRENO

Cantar, com alegria, a música: "Tempo de Criança"

Sou criança, gosto de brincar
Gosto de viver alegre a cantar
mas como tudo tem seu tempo certo
Eu também gosto , também gosto de estudar
mas para viver feliz
preciso sempre de alguém
Que me trate com amor
E me dê carinho também
(SANTANA, Celso. **Palavras mágicas.** São Paulo: COMEP, 2000)

PREPARANDO O TERRENO

1 – História: "As girafinhas"
Na cidade das girafas moravam dois irmãos: Filó e Rafael. Filó gostava muito de cuidar das girafinhas menores, corria e brincava com elas. Já, seu irmão Rafael, apesar de gostar das girafinhas, não tinha paciência, achava-as barulhentas e bagunceiras.
Certo dia, o rei Giraldo chegou à cidade. As girafinhas menores foram correndo ao seu encontro, mas no caminho encontraram Rafael que disse:
– Não perturbem o rei, girafinhas. Ele não veio para brincar com vocês.
Mas, o rei Giraldo, ao ouvir isto, disse:
– Deixe as girafinhas chegarem mais perto. Eu gosto muito delas, pois são amorosas, sinceras e alegres. Todas as girafas adultas deveriam ser como as girafinhas.
Depois, o rei Giraldo abraçou todas as girafinhas.

2 – Conversando com a história:
O que Filó gostava de fazer? O que Rafael achava das girafas menores?

O que as girafinhas fizeram quando o rei Giraldo chegou? O que Rafael não queria que as girafinhas fizessem? O que o rei Giraldo achava das girafinhas?

As girafinhas são para as girafas, como as crianças são para os adultos. Algumas pessoas, apesar de gostarem das crianças, não têm muita paciência com elas.

Na história, o rei Giraldo gostava muito das girafinhas. Jesus também gosta muito das crianças.

Vamos escutar o que Jesus fala sobre as crianças?

PLANTANDO A SEMENTE

1. Acolher a Palavra de Deus com o refrão do canto:

"Toda a Bíblia é comunicação:
De um Deus amor, de um Deus irmão.
É feliz quem crê na revelação,
Quem tem Deus no coração."

(ASSOCIAÇÃO DO SENHOR JESUS, **Louvemos o Senhor.** Campinas: 2003)

2. Leitura: Mt 19,14 – Disse Jesus: "Deixai vir a mim as crianças".

3. Mensagem:

Quando Jesus falava às pessoas, ensinando-as a viverem o amor, muitas delas traziam as crianças para serem abençoadas e conhecerem Jesus.

Por fazerem muito barulho e não serem valorizadas, os discípulos tentavam afastar as crianças, pois achavam que elas iriam atrapalhar Jesus.

Ao saber disso, Jesus pediu aos apóstolos que as deixassem aproximar-se dele, porque o coração delas era puro e jamais iriam atrapalhá-lo. Com isso, Jesus quis dizer que ama muito as crianças e gostaria que todas as pessoas fossem como elas.

E nós amamos nossos colegas da comunidade, da escola, da nossa rua? Procuramos fazer o bem a elas quando precisam? Rezamos por todas as crianças?

4. Atividades: Realizá-las no livro do catequizando.

REGANDO A SEMENTE

✓ Propõe-se:

* Selecionar uma imagem ou estampa de Jesus e uma faixa com a frase "Vinde a mim as criancinhas".

* Colocar a imagem (ou estampa) de Jesus e a frase sobre uma mesa ou formar um círculo com os catequizandos em volta delas.

✓ Concluindo, rezar esta "**Oração da Criança**".

Querido Jesus, gosto muito de você,
gosto do papai e da mamãe, dos meus irmãos
e de todos os meus amigos.
Jesus, quero que todas as crianças tenham escola, comida, saúde.
Que a nenhuma criança falte amor.
Que todos conheçam e gostem de você.
Obrigado, Jesus, porque você é muito bom.
Amém.

E A SEMENTE BROTA

Motivar os catequizandos a pedirem a seus pais que os abençoe, como Jesus abençoou as crianças.

Guardando de cor: "Jesus, fica comigo, pois eu quero estar com você".

Sugestão de canto para o encontro de catequese:
"*Amar como Jesus amou*"

Um dia uma criança me parou,
olhou-me nos meus olhos a sorrir.
Caneta e papel na sua mão,
tarefa escolar para cumprir.
E perguntou, no meio de um sorriso:
o que é preciso para ser feliz?
Amar como Jesus amou.
Sonhar como Jesus sonhou.
Pensar como Jesus pensou.
Viver como Jesus viveu.
Sentir o que Jesus sentia.
Sorrir como Jesus sorria.
E, ao chegar o fim do dia,
sei que eu dormiria muito mais feliz.

(Pe. ZEZINHO. **Os melhores momentos do Padre Zezinho**. Cd. São Paulo: Comep, 1999, faixa 4)

20 – VENHA SERVIR COMO JESUS

OBJETIVO:
Compreender que servir as pessoas, a exemplo de Jesus, nos deixa mais felizes.

ENTRANDO NO TERRENO

Dinâmica: Os catequizandos deverão ficar sentados em círculo no chão, com objetos ao centro. Cada criança pedirá, para o colega ao lado, um dos objetos. Para entregá-lo ao colega, este não poderá utilizar as mãos (pode usar os pés, a boca, o cotovelo). Ao final da dinâmica, o catequista reflete com as crianças sobre a dificuldade que tiveram ao pegar o objeto sem a ajuda das mãos e conclui: como é bom podermos servir os colegas!

Material:
- bola
- folha de papel
- colher
- outros objetos para favorecer e dificultar a aplicação da dinâmica

Dizer aos catequizandos que a história, que ouvirão a seguir, fala de alguém que demorou muito para descobrir que só seria feliz se ajudasse os outros.

PREPARANDO O TERRENO

1 – História: "A nuvenzinha travessa"
Era uma vez, uma nuvenzinha que não gostava de ser nuvem. E ela se lamentava: "Não gosto de ser nuvem. Que enjoado!" Certa vez, viu um passarinho e puxa, repuxa, transformou-se em passarinho. Mas, o passarinho de verdade voou e ela não saiu do lugar, não tinha asas. Triste, foi murchando e voltou a ser a nuvem de antes. E, assim, foi se transformando no que via: uma pipa, um avião, uma estrela, um foguete. Nada deu certo, pois a nuvem não possuía o fio da pipa, o motor do avião, a luz da estrela, o impulso do foguete. Triste, começou a chorar: Plique, plique!... O vento a levou para uma terra seca, dura e feia. E suas lágrimas caíram naquela terra. E, sem que ela percebesse, brotaram, na terra seca, feia e dura, as mais lindas, coloridas e perfumadas flores do mundo. A nuvenzinha olhou para baixo e ao ver que tinha ajudado a fazer germinar, com suas lágrimas, todas aquelas flores, ficou muito feliz e entendeu que ela era importante, porque

Sugestão:
Levar gravuras com desenho de nuvem, pipa, foguete, pássaro, estrela, campo seco e florido, para ilustrar a história ou desenhar no quadro.

também podia ajudar os outros. A partir daquele dia, a nuvenzinha passou a servir a quem dela precisasse.

(RUIZ, Corina M.P. **A Missa das crianças com expressão corporal**. São Paulo: Paulinas, 1977)

2 – Conversando com a história:

Porque a nuvenzinha reclamava? O que ela tentou fazer? E deu certo? Por que a nuvenzinha ficou feliz? Refletir, fazendo a comparação entre a nuvenzinha e a nossa vida... A nuvenzinha ficou feliz somente quando serviu aos outros. Assim, também nós devemos fazer.

PLANTANDO A SEMENTE

Jesus ensinou, com um exemplo muito especial, a seus amigos, os discípulos, a importância de servir. Vamos descobrir qual foi este exemplo de Jesus?

1. Acolher a Palavra de Deus com o refrão do canto:

Aleluia, viva! Aleluia, viva!

(KOLLING, Ir. Miria T. **Vamos à casa do Senhor**. Coral Do-Ré-Mi. São Paulo: Paulus, 2001, faixa 5)

2. Leitura: Jo 13,14-15 – "Pois bem: eu que sou o mestre e o Senhor, lavei os seus pés, por isso vocês devem lavar os pés uns dos outros. Eu lhes dei um exemplo: vocês devem fazer a mesma coisa que eu fiz."

3. Mensagem:

O que Jesus fez? Por que Jesus lavou os pés dos discípulos?

Jesus, desde criança, ajudava as pessoas: sua mãe, seu pai na carpintaria. Descobrir atitudes de ajuda, de colaboração, no próprio ambiente dos catequizandos: no trabalho de seus pais, nas tarefas da casa, no cuidar de um irmãozinho, nos deveres da escola.

Jesus, lavando os pés dos discípulos e pedindo-lhes que façam o mesmo, quer nos ensinar que devemos procurar ajudar e servir as pessoas, sermos humildes, colocar-nos à disposição dos outros com boa vontade e simplicidade.

4. Atividades: Realizá-las no livro do catequizando.

REGANDO A SEMENTE

✓ Dramatizar a cena do lava-pés com os catequizandos, lavando os pés uns dos outros.

✓ Depois, colocar uma música suave e pedir aos catequizandos que digam a Jesus, que a partir de agora vão procurar cumprir com suas obrigações, em casa, na escola, na catequese, com boa vontade e generosidade.

✓ Convidá-los a rezarem juntos uma Ave-Maria, para que Maria os ajude a cumprir este compromisso que fizeram com Jesus.

E A SEMENTE BROTA

✓ Combinar com a turma de catequese os gestos que farão para que possam tornar as outras pessoas felizes.

Guardando de cor: "Seremos felizes se ajudarmos nossos irmãos."

Sugestão de canto para o encontro:

"Coisas que criança faz"

Tem coisas, até demais,
Que criança inteligente faz! (Bis)

1. Arrumar a cama e os seus brinquedos,
Andar sempre calçada, não chupar o dedo.
Respeitar os mais velhos e os seus amigos,
Zelar por sua escola e evitar os perigos.

(PEQUENAS CANTORAS DE CURITIBA. **Cantando na Escola**. Cd. São Paulo: Paulus, 2000)

21 – JESUS: NOSSO PASTOR

OBJETIVO:
Perceber que Jesus cuida de nós em todos os momentos de nossa vida.

ENTRANDO NO TERRENO

Dinâmica: "Construindo ovelhas"

Distribuir, para cada catequizando, uma ovelha desenhada em papel e pedir-lhes que deem um nome para sua ovelhinha. O catequista também deverá ter a sua, cujo nome é Lila (o mesmo nome da ovelha da história que será contada aos catequizandos).

Cada catequizando vai decorar sua ovelhinha com restos de lã, algodão ou pipoca.

Material:
- Desenhar, para o catequista e para cada um dos catequizandos, uma ovelha em papel.
- Decoração: lã, algodão, pipoca...

O catequista orienta para que fiquem com sua ovelhinha, enquanto vai contando a história da ovelha Lila.

PREPARANDO O TERRENO

1 – História: "A ovelhinha Lila"

A ovelhinha Lila morava em uma grande fazenda, junto com sua família e outras ovelhas. Quem cuidava de todas as ovelhas, com muito carinho e amor, era o pastor Paulo. Lila não gostava de obedecer ao pastor. Quando o pastor chamava as ovelhas para comer, Lila ia brincar; quando ele as chamava para brincar, ela ia dormir. Enfim, Lila estava sempre afastada das outras ovelhas e do pastor. Certa manhã, o pastor Paulo chamou suas ovelhas para passear. Lila, que nunca obedecia ao pastor, afastou-se de todos. Durante o passeio, o pastor Paulo observou que nuvens escuras estavam se aproximando e um vento forte começava a soprar. Preocupado com as ovelhas, chamou a todas para voltarem para casa. Apenas Lila não veio, estava tão longe que nem ouviu o chamado. O pastor Paulo preocupou-se com Lila, pois, sabia que ela tinha muito medo de chuva. Depois de deixar as outras ovelhas em casa, saiu pela fazenda a sua procura. A chuva começou a cair e ele gritou:

– *Lila! Lila! Venha comigo, a chuva está ficando forte. Vamos para casa.*

Como o pastor gritou bem alto, Lila escutou sua voz e correu até ele. Ela já estava toda molhada, tremendo de frio e de medo. O pastor Paulo colocou-a sobre os ombros e a levou para casa. A partir deste dia, Lila nunca mais deixou de escutar e obedecer ao pastor Paulo.

2 – Conversando com a história:

Onde morava a ovelhinha Lila? Quem cuidava das ovelhas? Em que Lila era diferente das outras ovelhas? Por que o pastor ficou preocupado com Lila? Lila, ao escutar a voz do pastor, fez o quê? O que o pastor Paulo fez com Lila quando a encontrou? Lila, quando escutou a voz do pastor, correu em sua direção, pois tinha medo de chuva. Ela confiava no pastor, sabia que poderia cuidar dela. E você, será que está escutando a voz de quem cuida e quer bem a você? A ovelhinha Lila tinha um pastor, alguém que cuidava dela com muito carinho e amor. E nós, será que temos um pastor?

PLANTANDO A SEMENTE

1. Vamos descobrir quem é o nosso pastor?
2. Acolher a Palavra de Deus com o refrão do canto:

Aleluia, viva! Aleluia, viva!
Aleluias, vivas a Jesus (bis)

(KOLLING, Ir. Miria T. **Vamos à casa do Senhor**. São Paulo: Paulus, 2001, faixa 5)

3. Leitura: Jo 10,14 – "Eu sou o bom pastor: conheço minhas ovelhas e elas me conhecem."

4. Mensagem:

Sabem quem falou esta frase? Foi Jesus. Ele disse que é como o bom pastor que cuida com muito amor de suas ovelhas, que somos todos nós.

Ele conhece cada um de nós, sabe de nossa família, do que gostamos, do que temos medo, conhece até mesmo nosso coração.

Mesmo sabendo disso, muitas vezes não ouvimos seus conselhos e nos afastamos dele.

Mas Jesus continua cuidando de nós, como o pastor Paulo fez com a ovelhinha Lila.

Você quer ser uma ovelhinha de Jesus?

O que você pode fazer para ser uma ovelhinha de Jesus?

5. Atividades: Realizá-las no livro do catequizando.

REGANDO A SEMENTE

✓ Ajudar os catequizandos a pensarem em Jesus como o bom pastor, que conhece muito bem cada um. E, os que aceitarem ser ovelhinhas de

Jesus, deverão depositar sua ovelhinha em uma caixinha, aos pés da imagem de Jesus.

Ao final, o catequista reza e pede para repetirem:

Jesus é o pastor.
Me chama pelo nome,
Me cuida com amor.

Jesus é o pastor.
Sou sua ovelhinha,
Me acolhe com amor.

E A SEMENTE BROTA

- ✓ Realizar a brincadeira da "ovelhinha secreta".
- ✓ Cada catequizando vai até a caixa onde foram colocadas as ovelhinhas e retira uma, cuidando para que não seja a sua.
- ✓ Ficará com a ovelhinha do amigo, comprometendo-se a rezar por ele durante a semana.

Guardando de cor: "Jesus, quero escutar sua voz e ser sua ovelhinha".

Sugestão de canto para o encontro de catequese:

"Ovelha de Jesus"

Ovelha, ovelhinha,
Vamos todos passear.
Vamos dar a meia volta,
Que a chuva vai chegar.

A chuva chegou,
E a ovelha se molhou.
O pastor a chamou,
E ela o escutou.

Você que quer ser,
A ovelha de Jesus.
Deve escutar Jesus,
Ele é o Bom Pastor.

(Letra adaptada sobre a música "Ciranda, cirandinha".
Deve ser cantada de mãos dadas, girando em roda)

73

22 – PRECISAMOS DE PERDÃO

OBJETIVO:
Perceber que Jesus nos oferece o perdão, nos reconcilia com Deus e nos convida também a perdoar.

ENTRANDO NO TERRENO

Dinâmica: "Balões"

Entregar um balão para cada catequizando e pedir para enchê-lo. Depois, é só amarrar e colocar uma música alegre para que brinquem com os balões, não os deixando cair. Em seguida, pedir para cada um estourar um balão e pegar o papel que estava dentro dele. Cada tira deve ser lida e refletida com as crianças, identificando as atitudes que agradam ou desagradam a Jesus. As atitudes que agradam, colocar no "alto" e as atitudes que desagradam, colocar no lixo.

Material:
Preparar tiras de papel nas quais estarão escritas: atitudes boas e más que as crianças costumam fazer. Por exemplo: brigar com os colegas, pedir desculpas, ir à catequese etc. A seguir, colocar estas tiras dentro de bexigas vazias. O número de bexigas deve ser o mesmo que o dos catequizandos da turma.

Dizer aos catequizandos que as atitudes que desagradam a Jesus são chamadas de pecado.

Um dia Jesus contou uma história (parábola) para nos mostrar que Deus é um Pai "superlegal". Tão bom que, embora nossas falhas e pecados, Deus não nos abandona.

Convidá-los a ouvir esta história contada por Jesus.

PREPARANDO O TERRENO

1 – História: "A bondade do Pai"

Um pai tinha dois filhos. O mais novo, desejoso de aventuras, pediu ao pai tudo o que lhe pertencia e foi para um país distante. Lá, distante da família, gastou em festas, jogos e bebidas, tudo o que possuía. Quando estava totalmente na miséria, não tendo mais nem o que comer, lembrou-se do pai e voltou para casa. O pai era bondoso, amava o filho e o recebeu com muito carinho, fazendo uma grande festa.

Deus é bondoso como este pai. Ele nos perdoa sempre, basta que nós nos arrependamos e lhe peçamos perdão.

2 – Conversando com a história:

O que você achou do pai da história que Jesus nos contou? E do filho que voltou para casa? Como o pai o recebeu de volta?

Você já levou uma bronca de seu pai? O que sentiu? Você pediu desculpas? Como vocês fizeram as pazes?

PLANTANDO A SEMENTE

1. Vamos ouvir um trechinho da parábola que Jesus contou, que nos fala do momento que o pai perdoou seu filho e ficou feliz com a sua volta?
2. Acolher a Palavra de Deus com um refrão que os catequizandos conheçam.
3. Leitura: Lc 15,32 – "Mas era preciso festejar e nos alegrar, porque esse irmão estava morto e tornou a viver, estava perdido e foi encontrado."
4. Mensagem:

    Assim como o pai vai ao encontro do filho, perdoando e festejando sua volta, o mesmo acontece conosco, quando dizemos não à vontade de Deus.

    Pensemos nisso. Nós recebemos tantas coisas de Deus, tais como: saúde, inteligência, amor... Recebemos também muito de nossas famílias: educação, alimentação, proteção, cuidados... Porém, nem sempre sabemos respeitar e usar o que recebemos de Deus e de nossa família. Agindo assim, ofendemos a Deus, à família, nossos amigos, à natureza.

    Mas, Deus é nosso Pai e nos perdoa sempre.

4. Atividades: Realizá-las no livro do catequizando.

    Providenciar papel colorido para realização da atividade 1.

REGANDO A SEMENTE

✓ Para agradecer o imenso amor de Deus Pai, que não nos abandona e sempre nos perdoa, convidar os catequizandos a pensarem em como podemos amar as pessoas.

Nós podemos amar as pessoas assim:

— O que posso fazer para ajudar os coleguinhas que precisam de mim? Dar-lhes um bom-dia ou boa-tarde, quando os encontramos? Um sorriso amigo? Um conselho na hora certa? Emprestar-lhes um objeto meu? Perdoar-lhes quando eles me magoam?

– O que posso fazer para as pessoas grandes, especialmente para as mais idosas? Deixar que passem na minha frente? Ceder-lhes o meu lugar na condução, na sala de espera do consultório, no banco da igreja e em algum outro lugar? Oferecer-me para ajudá-las a levar os embrulhos? Perdoar-lhes, se elas não me compreenderem?

✓ Que tal escutar uma música que fale de perdão?

E A SEMENTE BROTA

✓ Providenciar uma cruz, de papelão ou de madeira, e colocá-la no centro de uma mesa.

Material:
- cruz (papelão ou madeira).
- cartões de papel com as atitudes.

✓ O catequista coloca no chão cartões com palavras que reforçam o que Jesus nos pediu que fizéssemos: amar, perdoar, sorrir, abraçar, acolher etc. (podem ser as mesmas palavras da dinâmica inicial).

✓ Pedir que os catequizandos escolham a atitude que pretendem colocar em prática durante a semana e colocá-la aos pés da cruz, em sinal de compromisso.

Guardando de cor: "Só perdoando, serei perdoado; só amando, serei amado".

Sugestão de canto para o encontro de catequese:

"Tu conheces o meu coração"

*Tu conheces o meu coração,
nem preciso dizer o que sinto.
Vem, me leva, Senhor, pela mão,
meu caminho se faça distinto!*

*Tu conheces o meu coração,
nem preciso dizer do que gosto.
Vem, me leva, Senhor pela mão:
o teu gosto é melhor, eu aposto!*

*Refrão:
Que eu entenda, Senhor,
o que queres, que queres de mim,
e ao teu Reino de Amor
eu tenha sempre o meu sim!
lá-lá-lá-lá lá-lá-lá-lá
lá-lá-lá-lá lá-lá-lá*

(KOLLING, Ir. Miria T. (coord.) **Vamos à casa do Senhor**. Cd. São Paulo: Paulus, 2001, faixa 17)

23 – O PRESENTE DE JESUS

OBJETIVO:
Compreender que Jesus nos deixou um grande presente, a Eucaristia.

ENTRANDO NO TERRENO

Dinâmica: "Quem gosta de presente?"

Com a caixa de presente ao centro, perguntar aos catequizandos: quem gosta de ganhar presentes? O que gostam de ganhar? Em que datas ganham presentes? De quem ganham presentes? Escutar, atentamente, suas respostas. Em seguida, dizer que todas as pessoas gostam de presentes, e que, na maioria das vezes, recebemos presentes das pessoas que gostam muito de nós. Os presentes das pessoas que amamos, mesmo que bem simples, são mais especiais do que os outros.

Material:
Levar uma caixa de presente grande e bonita, dentro da qual haverá um papel onde deve estar escrita a palavra EUCARISTIA.

Dizer também que Jesus, que tanto nos amou, quis dar-nos um presente muito especial, muito maior e melhor do que qualquer presente que já recebemos. Hoje, iremos descobrir qual foi este presente.

PREPARANDO O TERRENO

1 – História: "Que presentão!"

A Bíblia nos conta que Jesus tinha muitos amigos, mas tinha também alguns inimigos, algumas pessoas que não gostavam dele. Estes inimigos se incomodavam com o jeito de Jesus, porque ele só fazia o bem e dizia sempre a verdade. Jesus curava os doentes, preocupava-se com os desempregados, com os que passavam fome e com os que não tinham onde morar...

Um dia, os inimigos de Jesus resolveram matá-lo. Ele, que conhecia o coração das pessoas, sabia disso e então falou para seus amigos:

"– Eu sei que vou sofrer muito e vou morrer. Mas, antes, quero deixar um presente para vocês e para todas as pessoas que ainda vão nascer."

O que será que Jesus deixou? Um brinquedo, uma foto, uma casa?... Não foi nada disso. Ele deixou algo muito, muito mais importante. **Vamos descobrir qual é este presente?** (*)

A Eucaristia é o grande milagre de Jesus: de ficar em um pedacinho de pão.

Quem gosta de Jesus quer ficar sempre com ele, por isso, vai à missa. Pois, é lá que recebemos o pedacinho de pão em que se encontra Jesus, ao qual damos o nome de Hóstia.

> * Ao fazer esta pergunta, abrir a caixa de presente e retirar a palavra Eucaristia, mostrando-a para todos os catequizandos.

Estamos fazendo a catequese para sermos cada vez mais amigos de Jesus e assim receber este grande presente.

2 – Conversando com a história:

Por que Jesus tinha inimigos? O que eles planejavam fazer com Jesus? Sabendo que ia morrer, Jesus nos deixou um presente. Que presente é este? O que devemos fazer para ficar sempre pertinho de Jesus? Que nome damos ao pedacinho de pão onde se encontra Jesus?

PLANTANDO A SEMENTE

1. Jesus, ao deixar a Eucaristia como presente, pegou o pão e disse algumas palavras especiais. Vamos descobrir, na Bíblia, que palavras são estas?
2. Acolher a Palavra de Deus com o canto:

> Aleluia, viva! Aleluia, viva!
> Aleluias, vivas a Jesus! (bis).

(KOLLING, Ir. Miria T. **Vamos à Casa do Senhor.** Cd. Vol. I. São Paulo: Paulus, 2001, faixa 5)

3. Leitura: Lc 22,19 – "A seguir, Jesus tomou o pão, agradeceu a Deus, o partiu e distribuiu a eles, dizendo: 'Isto é o meu corpo, que é dado por vocês. Façam isto em memória de mim'."
4. Mensagem:

Jesus explicou que está presente em um pedacinho de pão para poder ficar junto de nós. É este o grande presente que Ele nos deixou.

Quando recebemos Jesus na Eucaristia, ficamos mais próximos Dele e alimentamos nosso espírito. Assim, ficamos mais fortes para fazer a vontade de Jesus, que é fazer o bem e amar as pessoas.

Na missa, o padre repete as palavras e os gestos de Jesus e, então, novamente acontece o milagre, de Jesus ficar presente em um pedacinho de pão, que chamamos de Hóstia.

4. Atividades: Realizá-las no livro do catequizando.

REGANDO A SEMENTE

- ✓ Trazer, para o encontro de catequese, um pão para ser partilhado.
- ✓ Retomar a leitura bíblica, reforçando as palavras "partir" e "distribuir". Em seguida, sentar no chão com os catequizandos e, imitando o gesto de Jesus, partilhar um pão entre todos.
- ✓ Depois, podem cantar juntos o canto "Meu Deus, foi você..." (inspirado no Salmo 138). Se não conhecerem o canto, pode-se rezar com a letra: o catequista fala uma frase e todos a repetem.

E A SEMENTE BROTA

- ✓ Convidar os catequizandos para que, na próxima missa, observem o momento em que acontece o milagre de Jesus ficar novamente no pão que chamamos de Hóstia. Pedir para escutarem com atenção as palavras que o padre vai falar neste momento.

Guardando de cor: "Jesus está presente na Eucaristia".

Sugestão de canto para o encontro de catequese:

Meu Deus, foi você... (Sl 138)

1. *Meu Deus, foi Você quem me fez assim:*
Sou obra, Senhor, do Seu grande amor!
Você me conhece por dentro,
e sabe melhor do que eu quem sou:
Você em mim, eu em Você!
Meu Deus, com Você sou feliz!

Refrão:
Jesus, nossa Luz, Jesus, nosso Pão!
O encontro de amor minh'alma bendiz!
Jesus, nossa Luz, Jesus, nosso Pão,
Meu Deus, com Você sou feliz!

(KOLLING, Ir. Miria T. **Vamos à casa do Senhor.** Cd. São Paulo: Paulus, 2001, faixa 9)

24 – JESUS SOFREU POR NÓS

OBJETIVO:
Compreender que Jesus ofereceu sua vida por amor a todos nós.

ENTRANDO NO TERRENO

Dinâmica: "Plantando sementes"

Pedir para que cada catequizando "plante" uma sementinha e a regue. Combinar que deverão cuidar dela durante toda a semana e que a levarão no próximo encontro. Perguntar o que acham que vai acontecer com a semente. Ela vai morrer para que dela nasça uma plantinha.

Material:
Levar copinhos descartáveis, algodão e sementes para todos os catequizandos; e água.

Assim como a sementinha vai morrer, Jesus também precisou morrer. Vamos escutar esta história.

PREPARANDO O TERRENO

1 – História: "Jesus morre por nós"

Vocês se lembram que, na história do encontro passado, falamos que os inimigos de Jesus queriam matá-lo?

Um dia, quando Jesus rezava, vieram seus inimigos e o prenderam. Ele foi com eles, pois amava as pessoas e queria ensinar, com seu exemplo, que precisamos amar as pessoas, ser bons e dizer sempre a verdade.

Bateram muito em Jesus e puseram, sobre sua cabeça, uma coroa de espinhos. Fizeram também que ele carregasse uma cruz pesada até um monte chamado Calvário. Então, pregaram Jesus nesta cruz e lá ele sofreu até morrer.

Se Jesus quisesse, poderia fazer um milagre e não morreria na cruz, mas ele quis oferecer sua vida para que todos os homens e mulheres fossem felizes. Jesus aceitou morrer porque quis nos ensinar que é necessário ser bom, mesmo que com isto a gente sofra.

2 – Conversando com a história:

Por que prenderam Jesus? Por que Jesus aceitou ser preso e morto na cruz? O que vocês acham que Jesus sentiu ao ser prega-

Sugestão:
Conduzir o "Conversando com a história" em forma de dramatização.

do na cruz? Como se chamava o lugar onde Jesus foi crucificado? Jesus sofreu muito?

Querem saber o que Jesus falou antes de morrer?

PLANTANDO A SEMENTE

1. Acolher a Palavra de Deus com um canto de aclamação ao Evangelho que todos conheçam:

2. Leitura: Lc 14,22a – "E Jesus dizia: Pai perdoa-lhes! Eles não sabem o que estão fazendo."

3. Mensagem:

   Os inimigos de Jesus inventaram mentiras para que ele fosse preso e morto. Mas Jesus preferiu falar a verdade, ainda que para isto tivesse que sofrer. Mesmo passando por todo aquele sofrimento, demonstrou seu amor, pedindo para que Deus Pai perdoasse àqueles que o ofenderam.

   Jesus, com sua morte, quis nos ensinar que devemos ser bons e amar as pessoas sempre. Mesmo que a gente tenha que passar por dificuldades ou dor.

   Precisamos também ser como Jesus, falar sempre a verdade, ser bons e amar a todas as pessoas.

   Jesus, morrendo na cruz demonstrou seu grande amor por nós. É por isso que a cruz é o símbolo do cristão.

4. Atividades: Realizá-las no livro do catequizando.

   Providenciar, antecipadamente, lantejoula para a atividade 1.

REGANDO A SEMENTE

✓ Colocar uma cruz no chão e comentar sobre a importância deste símbolo para os cristãos. A cruz nos lembra que Jesus morreu por amor a cada um de nós, por isto a cruz não deve nos lembrar morte, mas amor.

Material:
Levar cruz e pequenos corações, no número de catequizandos. Durante o "Regando a semente" ao som de uma música instrumental, desenvolver a dinâmica.

✓ Cada catequizando deverá pregar ou colar um pequeno coração na cruz. Agradecendo, de maneira espontânea, o imenso amor de Jesus e comprometer-se a amar Jesus e as pessoas com este mesmo amor.

E A SEMENTE BROTA

Os catequizandos deverão levar a sementinha para casa, comprometendo-se a cuidar dela com muito amor e carinho. E, todas as vezes que regá-la, lembrar que Jesus deu a sua vida por amor a cada um de nós.

Guardando de cor: "Jesus nos ama muito".

Sugestões de cantos para o encontro de catequese:

1. "A paz de Cristo"

Se você quiser viver
De bem com a vida
E encontrar ao seu redor
As pessoas unidas

Em um mundo especial
Onde não exista o mal
E beleza em coisas simples
Você possa enxergar

Levante as mãos
E abra o seu coração
Sentindo a Paz de Cristo
Te envolver (2x)

(MARIA, Pe. Antonio. **Missão Divina**. Cd. São Paulo: Caná Produções, 199_, faixa 13)

2. "Ninguém te ama como eu"

(refrão)
Ninguém te ama como eu,
Ninguém te ama como eu,
Olhe pra cruz, esta é a minha grande prova.
Ninguém te ama como eu,
Ninguém te amam como eu,
Ninguém te amam como eu,
Olhe pra cruz
Foi por ti, porque eu te amo.
Ninguém te ama como eu

(MARIA, Pe. Antonio. **Festa da fé**. Cd. São Paulo: Caná Produções, 1999, faixa 6)

25 – QUE ALEGRIA! JESUS RESSUSCITOU!

OBJETIVOS:
1. Entender que Jesus ressuscitou;
2. Reconhecer que Jesus está presente no meio de nós.

ENTRANDO NO TERRENO...

Dinâmica: "A sementinha brotou"

Cada catequizando vai mostrar e falar como cuidou de sua semente. Dizer que a plantinha nasceu a partir da semente. Já não existe semente, ela deu sua vida para que dela nascesse uma nova vida.

Com Jesus aconteceu o mesmo. Ele deu sua vida para nos dar uma nova vida.

1 – História: "Jesus ressuscitou!"

Jesus, depois que morreu, foi colocado no túmulo que ficava em uma gruta de pedra.

Após três dias, no domingo, três amigas de Jesus: Maria Madalena, Maria e Salomé foram levar perfumes ao túmulo de Jesus, conforme era costume da época.

Era bem cedinho e o sol estava nascendo. Pelo caminho, as três amigas iam conversando:

"– Quem vai nos ajudar a retirar a pedra na porta do túmulo de Jesus? Ela é muito pesada!"

Quando chegaram, ficaram surpresas. A pedra não estava mais lá! Olharam para dentro e viram que Jesus não estava mais no túmulo. Um jovem explicou a elas o que havia acontecido com Jesus.

(Cf. Mc 16,1-6).

2 – Conversando com a história:

Depois de morto, onde Jesus foi colocado? O que as amigas de Jesus foram fazer na gruta? Chegando lá, qual foi a surpresa? Sabem o que aconteceu com Jesus?

Vamos escutar o que o anjo disse?

83

PLANTANDO A SEMENTE...

1. Acolher a Palavra, em pé, cantando e com uma salva de palmas. (Pode-se escolher outro refrão que os catequizandos conheçam).

   Aleluia, viva! Aleluia, viva!
   Aleluias, vivas a Jesus! (bis).

   (KOLLING, Ir. Miria T. **Vamos à casa do Senhor**. Cd. Vol. I. São Paulo: Paulus, 2001, faixa 5)

2. Leitura: Mc 16,6b – " Não fiquem assustadas. Vocês estão procurando Jesus de Nazaré, que foi crucificado? Ele ressuscitou! Não está aqui!"

3. Mensagem:

   "Jesus ressuscitou! Ele está no meio de nós."

   Este anúncio nos diz que precisamos continuar dizendo a todos que Jesus ainda nos ama e quer somente o nosso bem. Se ouvirmos e colocarmos em prática tudo o que ele nos ensinou, nós teremos uma vida nova.

   Dinâmica do spray:
   Pedir para que os catequizandos olhem para o centro da sala e perguntar se estão vendo alguma coisa no ar. Após a resposta negativa, pedir para fecharem os olhos. Borrifar um pouco de spray (daqueles para perfumar ambiente, ou outro). Depois que o spray estiver invisível, pedir para abrirem os olhos e perguntar se estão vendo algo. A resposta também será negativa. Mas, perguntar se sentem o cheiro que está no ar, ao que responderão que sim. O catequista encerra: o cheiro pode ser sentido, mas não pode ser visto.

   Quando festejamos a ressurreição de Jesus? Sim, Páscoa, é o nome da festa em que comemoramos esta data tão especial.

   Terminar a mensagem com a dinâmica do spray. Explicando que nós não podemos ver o gás, mas podemos sentir seu cheiro. Assim é com Jesus. Nós não podemos vê-lo com os olhos, mas podemos sentir sua presença, em nossa vida, em nosso coração.

   Encaminhar os catequizandos para que, de olhos fechados, tentem sentir Jesus em seu coração.

4. Atividades: Realizá-las no livro do catequizando.

REGANDO A SEMENTE...

✓ Deixar uma vela apagada deitada sobre a mesa e pedir para que todos se reúnam em volta dela.

✓ O catequista, acendendo a vela e colocando-a em pé, fala:

— Esta vela estava deitada e apagada, agora está em pé e acesa. Ela nos faz pensar em Jesus que estava morto, deitado no túmulo e que se levantou e está vivo entre nós.

✓ Pedir para que, em silêncio, agradeçam a Jesus que deu a vida por amor a cada um de nós e que hoje está vivo.

Diante da vela acesa, todos deverão dizer:

— Obrigado, Jesus, porque você está vivo de novo e está com a gente.

(Adaptação de dinâmica do livro *Ninguém cresce sozinho*, Arquidiocese de Maringá, Vozes. 1999).

✓ Encaminhar orações espontâneas.

E A SEMENTE BROTOU...

A vela deverá lembrá-los da ressurreição de Jesus. Jesus venceu o mal e a morte: ressuscitou! Assim nós, como seus amigos, devemos seguir seu exemplo.

> Providenciar 1 vela para cada catequizando levar para casa.

> Sugestão: usar uma vela maior para deixar no centro da sala e que as crianças apenas a toquem.

Os catequizandos levarão uma vela para casa lembrando o compromisso de ser bom e amar as pessoas como Jesus.

Guardando de cor: "Que alegria! Jesus ressuscitou!"

Sugestão de canto para o encontro de catequese:

"A Páscoa chegou"

A Páscoa já chegou,
O amor nos corações cantou.
Cantou, cantou, cantou aleluia!
Jesus ressuscitou!

A Páscoa é alegria,
A Páscoa nos traz amor.
Aleluia, aleluia, aleluia!
Jesus Cristo Ressuscitou!

(SANTANA, Celina. **Palavras mágicas**. São Paulo: Comep, 2000)

LIVROS PARA APROFUNDAMENTO:

Centro Diocesano de Osasco. **Educação na fé**: missão de família e da comunidade. Osasco: Paulinas, 1994.

Centro Diocesano de Osasco. **Espiritualidade do catequista:** caminho, formação, vida na missão catequética. Osasco: Paulus, 1998.

MORAES, José de. **Formação de catequista**: Psicologia da criança e catequese. Aparecida: Santuário, 1987

FONSATTI, Pe. José C. **Introdução à Bíblia**. Petrópolis: Vozes, 2001.

OLENIKI, Marilac L.R.; MACHADO, Léo M.P. **O Encontro de catequese**. Petrópolis: Vozes, 2000.

FERROTARTO, Ir. Maria Josefina. **O lúdico na catequese**. Lajes: Gráfica popular, 2000.

GIL, Pe. Paulo Cesar. **Quem é o catequizando?** Petrópolis: Vozes, 2001.

Said, Selma. **Segredos de comunicação na catequese**. Petrópolis: Vozes. 1999.

MOSER, Pe. Assis; BIERNASKI, Pe. André. **Ser catequista**: Vocação – Encontro – Missão. Petrópolis: Vozes. 2000.

Conecte-se conosco:

 facebook.com/editoravozes

 @editoravozes

 @editora_vozes

 youtube.com/editoravozes

 +55 24 2233-9033

www.vozes.com.br

Conheça nossas lojas:
www.livrariavozes.com.br

Belo Horizonte – Brasília – Campinas – Cuiabá – Curitiba
Fortaleza – Juiz de Fora – Petrópolis – Recife – São Paulo

  Vozes de Bolso

EDITORA VOZES LTDA.
Rua Frei Luís, 100 – Centro – Cep 25689-900 – Petrópolis, RJ
Tel.: (24) 2233-9000 – E-mail: vendas@vozes.com.br